Wissenschaftliche Beiträge aus dem Tectum Verlag

Reihe Rechtswissenschaften

AF800012

WISSENSCHAFTLICHE BEITRÄGE AUS DEM TECTUM VERLAG

Reihe Rechtswissenschaften

Band 55

Thomas-Johannes Jochheim

Der Parallelvertrieb von Arzneimitteln

Synonym oder echter Unterschied zum Parallelimport?

Tectum Verlag

Thomas-Johannes Jochheim

Der Parallelvertrieb von Arzneimitteln.
Synonym oder echter Unterschied zum Parallelimport?
Wissenschaftliche Beiträge aus dem Tectum Verlag:
Reihe: Rechtswissenschaften; Bd. 55
© Tectum Verlag Marburg, 2012
Zugl. Univ.Diss., Philipps-Universität Marburg 2011
ISBN: 978-3-8288-2911-4
ISSN: 1861-7875
Umschlagabbildung: photocase.com © jg_79

Druck und Bindung: Schaltungsdienst Lange, Berlin
Printed in Germany
Alle Rechte vorbehalten

Besuchen Sie uns im Internet
www.tectum-verlag.de

MIX
Papier aus verantwortungsvollen Quellen
FSC® C003147
FSC
www.fsc.org

Bibliografische Informationen der Deutschen Nationalbibliothek
Die Deutsche Nationalbibliothek verzeichnet diese Publikation in der Deutschen Nationalbibliografie; detaillierte bibliografische Angaben sind im Internet über http://dnb.ddb.de abrufbar.

Meiner Familie

Vorwort

Die vorliegende Arbeit wurde im Wintersemester 2011/2012 von der Juristischen Fakultät der Philipps-Universität Marburg als Dissertation angenommen. Literatur und Rechtsprechung wurden bis Oktober 2011 berücksichtigt.

Für die Betreuung der Arbeit danke ich meinem verehrten Doktorvater, Herrn Prof. Dr. Ralph Backhaus. Er stand mir während des gesamten Vorhabens hilfreich zur Seite und begleitete es mit wichtigen Vorschlägen, Anregungen und Kritik. Ebenfalls danke ich Herrn Prof. Dr. Michael Kling für die Anfertigung des Zweitgutachtens.

Danken möchte ich weiterhin meinem Onkel Alfons für die sorgfältige Durchsicht des Manuskripts sowie Jan-Bernd für die endgültige Formatierung der Arbeit. Außerdem danke ich meinen Freunden Heike, Philippe und Benedikt, die in dieser Zeit immer für mich da waren.

Mein besonderer Dank gilt meinen Eltern für ihre liebevolle Unterstützung. Ohne sie wäre diese Arbeit nicht möglich gewesen.

Essen, im Dezember 2011

Thomas-Johannes Jochheim

Inhaltsverzeichnis

Abkürzungsverzeichnis

Abs.	Absatz
AEUV	Vertrag über die Arbeitsweise der Europäischen Union
Alt.	Alternative
AMG	Arzneimittel
AMPreisV	Arzneimittelpreisverordnung
Art.	Artikel
Az.	Aktenzeichen
BfArM	Bundesinstitut für Arzneimittel und Medizinprodukte
BfgVV	Bundesamt für gesundheitlichen Verbraucherschutz und Veterinärmedizin
BGH	Bundesgerichtshof
BGHZ	Entscheidungssammlung des Bundesgerichtshofs in Zivilsachen
BT-Drucks.	Bundestagsdrucksache
BVerfG	Bundesverfassungsgericht
bzw.	beziehungsweise
d.h.	das heißt
EFTA	European Free Trade Association
EG	Vertrag zur Gründung der Europäischen Gemeinschaft
EGV	Vertrag zur Gründung der Europäischen Wirtschaftsgemeinschaft
EMA	European Medicines Agency
endg.	endgültig
EU	Europäische Union
EuG	Gericht der Europäischen Union
EuGH	Europäischer Gerichtshof
EuR	Europarecht (Zeitschrift)

EuZW	Europäische Zeitschriften für Wirtschaftsrecht (Zeitschrift)
f.	folgende(r)
ff.	fortfolgende(r)
FS	Festschrift
gem.	gemäß
ggf.	gegebenenfalls
GGW	G+G Wissenschaft (Zeitschrift)
GKV	Gesetzliche Krankenversicherung
GMG	GKV-Modernisierungsgesetze
GMVO	Gemeinschaftsmarkenverordnung
GRUR	Gewerblicher Rechtsschutz und Urheberrecht (Zeitschrift)
GRUR Ausl.	Gewerblicher Rechtsschutz und Urheberrecht, Ausländischer Teil (Zeitschrift)
GRUR Int.	Gewerblicher Rechtsschutz und Urheberrecht, Internationaler Teil (Zeitschrift)
GRUR-RR	Gewerblicher Rechtsschutz und Urheberrecht, Rechtsprechungs-Report (Zeitschrift)
Hrsg.	Herausgeber
i.S.	im Sinne
i.S.d.	im Sinne des
JuS	Juristische Schulung (Zeitschrift)
KOM	Kommission der Europäischen Gemeinschaften
LG	Landgericht
lit.	Litera, Buchstabe
Ls.	Leitsatz
MarkenG	Markengesetz
MarkenR	Markenrecht (Zeitschrift)
Mio.	Millionen
MRRL	Markenrechtsrichtline
NJW	Neue Juristische Wochenschrift (Zeitschrift)
Nr.	Nummer

OLG	Oberlandesgericht
OLGR	OLG-Report (Zeitschrift)
PEI	Paul Ehrlich Institut
PharmR	Pharmarecht (Zeitschrift)
RG	Reichsgerichtshof
RGZ	Entscheidungssammlung des Reichsgerichtshofs in Zivilsachen
RL	Richtlinie
Rn.	Randnummer
Rs.	Rechtssache
S.	Seite
SGB V	Sozialgesetzbuch, Fünftes Buch
Slg.	Entscheidungssammlung des EuGH
u.a.	unter anderem
UWG	Gesetz gegen den unlauteren Wettbewerb
verb. Rs.	verbundene Rechtssache
VFA	Verband Forschender Arzneimittelhersteller
vgl.	vergleiche
VO	Verordnung
WRP	Wettbewerb in Recht und Praxis (Zeitschrift)
WZG	Warenzeichengesetz
z.B.	zum Beispiel
zit.	zitiert

Literaturverzeichnis

Beier, Friedrich-Karl — Markenrechtliche Abhandlungen
Köln u.a. 1986
(zit.: *Beier*, Markenrechtliche Abhandlungen, S.)

Beier, Friedrich-Karl — Entwicklung und Grundzüge des europäischen Markenrechts
EuR 1982, S.30-42

Beier, Friedrich-Karl — Ziele und Leitgedanken des europäischen Markenrechts
GRUR Int. 1976, S.363-375

Beier, Friedrich-Karl — Grenzen der Erschöpfungslehre im Markenrecht – Zur Beurteilung des Vertriebs umgepackter und neu gekennzeichneter Originalware in den Ländern der Europäischen Wirtschaftsgemeinschaft
GRUR Int. 1978, S.263-276

Beier, Friedrich-Karl / Krieger, Ulrich — Wirtschaftliche Bedeutung, Funktionen und Zweck der Marke (68) – Bericht erstattet im Namen der Landesgruppe der Bundesrepublik Deutschland
GRUR Int. 1976, S.125-128

Benkenstein, Martin / Beyer, Thomas — Kooperationen im Marketing, in Strategien, Allianzen, Netzwerke, hrsg. v. Joachim Zentes, Bernhard Swoboda, Dirk Morschett, 2. Auflage, Wiesbaden 2005, S.796-821
(zit.: *Benkenstein / Beyer*, in Swoboda / Zentes / Morschett, Strategien, Allianzen, Netzwerke, S.)

Blasius, Helga / Cranz, Hubertus — Arzneimittel und Recht in Europa
Stuttgart 1998
(zit.: *Blasius / Cranz*, Arzneimittel und Recht in Europa, S.)

Blasius, Helga / Müller-Römer, Dietrich/ Fischer, Jürgen	Arzneimittel und Recht in Deutschland Stuttgart 1998 (zit.: *Blasius / Müller-Römer / Fischer*, Arzneimittel und Recht in Deutschland, S.)
Bottenschein, Florian	Die Erschöpfung des markenrechtlichen Werbehinweisrechts WRP 2004, S.435-439
Brink, Ursula	Markenhandel mit Gemeinschaftsmarken und deutschen Marken Konstanz 2002 (zit.: *Brink*, Markenhandel, S.)
Collatz, Brigitte	Die neuen europäischen Zulassungsverfahren für Arzneimittel Aulendorf 1996 (zit.: *Collatz*, Die neuen europäischen Zulassungsverfahren, S.)
Deutsch, Erwin / Spickhoff, Andreas	Medizinrecht 6.Auflage, Berlin u.a. 2008 (zit.: *Deutsch / Spickhoff*, Medizinrecht, Rn.)
Dieners, Peter / Reese, Ulrich	Handbuch des Pharmarechts 1.Auflage 2010, München (zit.: *Bearbeiter,* in Dieners / Reese, Handbuch des Pharmarechts, § Rn.)
Douglas, Morton	Die markenrechtliche Erschöpfung beim Parallelimport von Arzneimitteln Köln u.a. 2005 (zit.: *Douglas*, Die markenrechtliche Erschöpfung, Rn.)
Ebenroth, Carsten Thomas	Gewerblicher Rechtsschutz und europäische Warenverkehrsfreiheit Heidelberg 1992 (zit.: *Ebenroth*, Gewerblicher Rechtsschutz und europäische Warenverkehrsfreiheit, S.)

Fezer, Karl-Heinz	Das Markenrecht in Aufwind des Europäischen Binnenmarktes, in: Festschrift für Alfred-Carl Gaedertz zum 70.Geburtstag, München 1992, S.153-179 (zit.: *Fezer*, in: FS Gaedertz, S.)
Fezer, Karl-Heinz	Grundprinzipien und Entwicklungslinien im europäischen und internationalen Markenrecht WRP 1998, S.1-14
Fezer, Karl-Heinz	Markenrecht, Kommentar zum Markengesetz 4.Auflage, München 2009 (zitiert: *Fezer*, Markenrecht, § MarkenG, Rn.)
Fezer, Karl-Heinz	Was macht ein Zeichen zur Marke? WRP 2000, S.1-8
Freisler, Horst	Situation und Position der Arzneimittelhersteller in der EU, in: Unverfälschter Wettbewerb für Arzneimittel im europäischen Binnenmarkt, hrsg. v. Jürgen Schwarze, Baden-Baden 1998, S.23-30 (zit.: *Freisler*, in: Schwarze, Unverfälschter Wettbewerb, S.)
Freytag, Christiane	Parallelimporte nach EG- und WTO Recht Berlin 2001 (zit.: *Freytag*, Parallelimporte, S.)
Fuhrmann, Stefan / Klein, Bodo / Fleischfresser, Andreas	Arzneimittelrecht – Handbuch für die pharmazeutische Rechtspraxis Baden-Baden 2010 (zit.: *Bearbeiter*, in: Fuhrmann / Klein / Fleischfresser, Arzneimittelrecht, § Rn.)
Greß, Stefan / Niebuhr, Dea / Wasem, Jürgen	Marktzugang und Preisbildung auf Arzneimittelmärkten im internationalen Vergleich Baden-Baden 2005 (zit.: *Greß / Niebuhr/Wasem*, Marktzugang und Preisbildung, S.)

Güldenberg, Hans G. — Der volkswirtschaftliche Wert und Nutzen der Marke
GRUR 1999, S.843-847

Harte-Bavendamm, Henning / Scheller, Eva — Die Auswirkungen der Markenrechtsrichtlinie auf die Lehre von der internationalen Erschöpfung
WRP 1994, S.571-577

Hayn, Andreas — Die Grundfreiheit des Warenverkehrs und das gemeinschaftsrechtliche Kartellverbot im Spannungsverhältnis zu dem Territorialitätsprinzip der nationalen markenrechtlichen Regelungen
Augsburg 2005
(zit.: *Hayn*, Grundfreiheiten, S.)

Heinemann, Andreas — Geistiges Eigentum, Grundfreiheiten und Kartellrecht – Spannungen im "magischen Dreieck" und ihr angemessener Ausgleich, in: Internationales und Europäisches Wirtschaftsrecht, Band III, hrsg. v. Carl Baudenbacher, St. Gallen 2004, S.67–108
(*Heinemann*, in: Baudenbacher, Wirtschaftsrecht, S.)

Heinemann, Antje-Kathrin — Die rechtlichen Rahmenbedingungen bei Parallelimporten von Arzneimitteln in die Bundesrepublik Deutschland
PharmR 2001, S.180-186

Heinemann, Christoph — Organisierte Interessen – Nationale und europäische Arzneimittelregulierung in Deutschland und Großbritannien
Berlin 2006
(zit.: *Heinemann*, Nationale und europäische Arzneimittelregulierung, S.)

Hoffmann, Jochen — Parallelausfuhren im Europäischen Wettbewerbsrecht nach der "Bayer"-Entscheidung des EuGH
WRP 2004, S.994-1004

Iglesias, Gil Carlos Rodriguez — Die Bedeutung der Rechtsprechung des Europäischen Gerichtshofes für die Errichtung des Binnenmarktes, in: Unverfälschter Wettbewerb für Arzneimittel im europäischen Binnenmarkt, hrsg. v. Jürgen Schwarze
Baden-Baden 1998, S.9-21
(zit.: *Iglesias,* in: Schwarze, Unverfälschter Wettbewerb, S.)

Ingerl, Reinhard / Rohnke, Christian — Markenrecht Kommentar
3.Auflage, München 2010
(zit.: *Ingerl / Rohnke,* Markenrecht, § MarkenG, Rn.)

Klaka, Rainer — Markenrechtliche Erschöpfung im neuen Licht, in Festschrift für Fritz Traub zum 65.Geburtstag, Frankfurt 1994, S.173-191
(zit.: *Klaka,* in: FS Traub, S.)

Kleist, Holde — Das neue europäische Zulassungssystem
PharmR 1998, S.154-156

Koenig, Christian / Engelmann, Christina / Sander, Claude — Parallelhandelsbeschränkungen im Arzneimittelbereich und die Freiheit des Warenverkehrs
GRUR Int. 2001, S.919-927

Köhler, Helmut — Der Rechtsbruchtatbestand im neuen UWG
GRUR 2004, S.381-389

Kohler, Josef — Handbuch des deutschen Patentrechts
Mannheim 1900
(zit.: *Kohler,* Patentrecht, S.)

Koyuncu, Adem — Das Haftungsdreieck Pharmaunternehmen – Arzt – Patient: Verschulden und Mitverschulden bei der Haftung für Arzneimittelschäden
Berlin 2004
(zit.: *Koyuncu,* Haftung für Arzneimittelschäden, S.)

Lieck, Stefan	Der Parallelhandel mit Arzneimitteln Köln u.a. 2008 (zit.: *Lieck*, Der Parallelhandel mit Arzneimitteln, S.)
Lieck, Stefan	Abstocken, Aufstocken und Bündeln: Begriffe der Vergangenheit? GRUR 2008, S.661-665
Litten, Rüdiger	"Inverkehrbringen" und "Erschöpfung" im neuen Markenrecht WRP 1997, S.678-684
Mailänder, K. Peter	Gemeinschaftsrechtliche Erschöpfungslehre und freier Warenverkehr, in: Festschrift für Alfred-Carl Gaedertz zum 70.Geburtstag, München 1992, S.369 - 391 (zit.: *Mailänder*, in: FS Gaedertz, S.)
Mehler, Ulrich	Neues zur markenrechtlichen (Un)Zulässigkeit von Parallelimporten von Arzneimitteln und ihrem Umpacken MarkenR 2009, S.281-288
Mehnert, Angelika	Regulierung auf europäischen Arzneimittelmärkten Bern u.a. 1998 (zit.: *Mehnert*, Regulierung auf europäischen Arzneimittelmärkten, S.)
Mulch, Joachim	Der Tatbestand der markenrechtlichen Erschöpfung Köln 2001 (zit.: *Mulch*, Der Tatbestand der markenrechtlichen Erschöpfung, S.)
Pampel, Gunnar	Rechtsnatur und Rechtswirkungen von Mitteilungen der Kommission im europäischen Wettbewerbsrecht EuZW 2005, S.11-13

Pertek, Franziska Ulrike	Der Begriff der Vereinbarung im Sinne des Artikel 81 Absatz 1 EG im Rahmen von scheinbar einseitigen Maßnahmen Konstanz 2007 (zit.: *Pertek*, Vereinbarung im Sinne des Art.81 Abs.1 EG, S.)
Pfeiffer, Gero / Rein, Christian	Einführung in das Markenrecht JuS 2006, S.584-590
Plassmann, Clemens	Die Darlegungs- und Beweislast bei § 24 Abs.1 MarkenG WRP 1999, S.1011-1018
Prandzioch, Annette	Das europäische Markenamt – Funktion und Bedeutung der Gemeinschaftsmarke Hamburg, 1999 (zit.: *Prandzioch*, Funktion und Bedeutung der Gemeinschaftsmarke, S.)
Pühs, Wolfgang	Der Vollzug von Gemeinschaftsrecht Berlin 1997 (zit.: *Pühs*, Der Vollzug von Gemeinschaftsrecht, S.)
Purnhagen, Kai P.	Kann das europäische Arzneimittelzulassungsverfahren als Modell für eine internationale Harmonisierung dienen? EuR 2010, S.438-453
Rehmann, Wolfgang	Arzneimittelgesetz 3. Auflage, München 2008 (zit.: *Rehmann*, Arzneimittelgesetz, § AMG Rn.)
Reich, Norbert	Parallelimporte von Arzneimitteln nach dem Recht der europäischen Gemeinschaft NJW 1984, S.2000-2005
Rohnke, Christian	Das Ende der innergemeinschaftlichen Erschöpfung WRP 1999, S.889-892

Römhild, Jürgen	Zum „Umverpacken" bei Parallelimporten – Die Neue Rechtsprechung in der EU nach Paranova & Upjohn (Teil 1) MarkenR 2002, S.105-111
Rosian, Ingrid	Rezepte zur Kostendämpfung bei Arzneimitteln GGW 2/2002, S.22-31
Roth, Wulf-Henning	Möglichkeiten und Grenzen eines einheitlichen Binnenmarktes für Arzneimittel EuR Beiheft 2007, S.9-48
Sack, Rolf	Die Zwei-Marken-Strategie und das Umpacken von Arzneimitteln im internationalen Markenrecht WRP 2009, S.540-544
Sack, Rolf	Die rechtlichen Funktionen des Warenzeichens – 1. Teil GRUR 1972, S.402-412
Sack, Rolf	Die rechtlichen Funktionen des Warenzeichens – 2. Teil GRUR 1972, S.445-453
Sack, Rolf	Der markenrechtliche Erschöpfungsgrundsatz im deutschen und europäischen Recht WRP 1998, S.549-576
Sack, Rolf	Die Erschöpfung von gewerblichen Schutzrechten und Urheberrechten nach deutschem Recht WRP 1999, S.1088-1115
Sambuc, Thomas	Was soll das Markenrecht? Ein Beitrag zur Funktionenlehre WRP 2000, S.985-991
Schelling, Nicola	Nationale Preis- und Erstattungsvorschriften und grenzüberschreitender Parallelhandel von Arzneimitteln Baden-Baden 2008 (zit.: *Schelling*, Nationale Preis- und Erstattungsvorschriften, S.)

Schwarze, Jürgen	EU-Kommentar 2.Auflage, Baden-Baden 2009 (zit.: *Bearbeiter*, in: Schwarze, EU-Kommentar, Art EG, Rn.)
Schweer, Carl-Stephan	Die erste Markenrechts-Richtlinie der Europäischen Gemeinschaft und der Rechtsschutz bekannter Marken Baden-Baden 1992 (zit.: *Schweer*, Die erste Markenrechts-Richtlinie, S.)
Sosnitza, Olaf	Territoriale Grenzen markenrechtlicher Erschöpfung und Europarecht WRP 1998, S.951-959
Stiebler, Florian	Aspekte der Arzneimittelzulassung: Inhalte / Randgebiete / Haftungsprobleme München 2004 (zit.: *Stiebler*, Aspekte der Arzneimittelzulassung, S.)
Ströbele, Paul / Hacker, Franz	Markengesetz, Kommentar 9. Auflage, Köln u.a. 2009 (zit.: *Ströbele / Hacker*, MarkenG, § MarkenG, Rn.)
Tekautschitz, Kamilla	Machtmissbrauch marktbeherrschender Unternehmen im Europäischen Kartellrecht: Unter besonderer Berücksichtigung des Pharmavertriebs Baden-Baden 2007 (zit.: *Tekautschitz*, Machtmissbrauch marktbeherrschender Unternehmen, S.)
Ulferts-Römmermann, Viola	Das Markenrecht als Instrument und Reflex des Wettbewerbs Bremen 2002 (zit.: *Ulferts-Römmermann*, Das Markenrecht als Instrument und Reflex des Wettbewerbs, S.)

Ulmar, Susanne	Neues zur markenrechtlichen Zulässigkeit des Umpackens parallel-importierter Arzneimittel – Zugleich eine Anmerkung zur EuGH-Entscheidung "Boehringer/Swingward II" vom 26.04.2007 WRP 2007, S.920-925
Vanzetti, Adriano	Funktion und Rechtsnatur der Marke – 1. Teil GRUR Ausl. 1965, S.128-142
Vogel, Johannes / Huber, Frank	Co-Branding – Markenstrategie der Zukunft Köln 2007 (zit.: *Vogel / Huber*, Co-Branding, S.)
von Borries, Reimer	Territorialitätsprinzip und Gemeinsamer Markt, in: Unverfälschter Wettbewerb für Arzneimittel im europäischen Binnenmarkt, hrsg. v. Jürgen Schwarze, Baden-Baden 1998, S.23-30 (zit.: *von Borries*, in: Schwarze, Unverfälschter Wettbewerb, S.)
von der Groeben, Hans / Schwarze, Jürgen	Kommentar zum Vertrag über die Europäische Union und zur Gründung der Europäischen Gemeinschaft, Band 1 (Art.1-53 EUV, Art.1-81 EGV) 6.Auflage, Baden-Baden 2003 (zit.: *Bearbeiter*, in: von der Groeben / Schwarze, Kommentar zum EU-/EG-Vertrag, Art.EG, Rn.)
von Gamm, Otto-Friedrich	Zur Warenzeichenreform WRP 1993, S.793-798
von Mühlendahl, Alexander	Die Gemeinschaftsmarke und die Angleichung der Markenrechte in der Gemeinschaft, in: Der Schutz des geistigen Eigentums in Europa, hrsg. v. Meinhard Hilf/Wolfgang Oehler, Baden-Baden 1991, S.69-82 (zit.: *von Mühlendahl*, in: Hilf / Oehler, Der Schutz des geistigen Eigentums in Europa, S.)

von Schultz, Detlev — Markenrecht Kommentar
2. Auflage, Frankfurt a.M. 2007
(zit.: *Bearbeiter*, in: von Schultz, Markenrecht, § MarkenG, Rn.)

Wagner, Susanne A. — Europäisches Zulassungssystem für Arzneimittel und Parallelhandel : unter besonderer Berücksichtigung des deutschen Arzneimittelrechts
Stuttgart 2000
(zit.: *Wagner*, Europäisches Zulassungssystem für Arzneimittel und Parallelhandel, S.)

Wagner, Susanne A. — Die Folgen des Wegfalls der Zulassung des im Einfuhrstaat zugelassenen Arzneimittels für den Parallelimport am Beispiel Deutschlands
PharmR 2001, S.174-179

Walzel, Daisy Karoline — Bindungswirkungen ungeregelter Vollzugsinstrumente der EU-Kommission: mit Schwerpunkt auf Mitteilungen, Bekanntmachungen, Leitlinien und Rahmen der Kommission im EG-Wettbewerbsrecht
Köln 2008
(zit.: *Walzel*, Bindungswirkungen ungeregelter Vollzugsinstrumente der EU-Kommission, S.)

Weiß, Dominik — Zur Bündelung zentral zugelassener Arzneimittel. Anmerkung zum Urteil des EuGH in der Rechtssache C-433/00
PharmR 2003, S.158-163

Wolpert, Marga — Parallelimporte von Arzneimitteln – Ist die Interessenabwägung zwischen freiem Warenverkehr und Markenrecht als gewerblichem Eigentum i.S. von Art.30 S. 1 EG noch interessengerecht?
WRP 2008, S.453-463

Zahn, Alexander | Die Herausgabe des Verletzergewinns
Köln u.a. 2005
(zit.: *Zahn,* Die Herausgabe des Verletzergwinns, S.)

Einleitung

Der Parallelhandel ist eine erlaubte Form des Warenverkehrs zwischen den Mitgliedstaaten der Europäischen Union. Er wird als „parallel" bezeichnet, da er außerhalb des von den Herstellern oder Erstlieferanten für ihre Erzeugnisse in einem Mitgliedstaat aufgebauten Vertriebsnetzes – und in den meisten Fällen parallel dazu – stattfindet und Erzeugnisse betrifft, die in jeder Hinsicht den durch die Vertriebsnetze abgesetzten gleichen.[1]

Ein Schlüsselfaktor, der das Potential des Parallelhandels bedingt, ist der ausreichende Preisunterschied zwischen den Mitgliedstaaten. Man spricht daher beim Parallelhandel auch vom Arbitragegeschäft.[2] Die Arbitrage bezeichnet die risikolose Ausnutzung unterschiedlicher Kurse einer Ware an verschiedenen Märkten durch den gleichzeitigen Kauf und Verkauf der Ware an beiden Märkten.

Besonders umkämpft und vielfach Gegenstand gerichtlicher Streitigkeiten ist der Parallelhandel mit Arzneimitteln. Durch staatliche Regulierung besteht innerhalb der EU ein teilweise enormes Preisgefälle, was sich die Parallelhändler zunutze machen. Dabei vertreiben sie kein breites Sortiment, sondern haben sich zumeist auf den Handel mit einigen wenigen Produkten spezialisiert. Attraktiv ist für sie besonders der Markt der patentgeschützten Arzneimittel, da hier noch keine generischen Formen erhältlich sind, die den Preis zwangsläufig senken würden. Innerhalb dieses Marktsegments konzentrieren sie sich überwiegend auf die erfolgreichen und umsatzstarken Produkte. Gegenstand des Parallelhandels sind damit in erster Linie die so genannten „Blockbuster", also Medikamente, die einen Mindestumsatz von 1 Mrd. Dollar erzielen und durch deren Gewinn die Unternehmen die Forschung und Entwicklung neuer Wirkstoffe finanzieren.[3]

Galt der Parallelhandel vor einigen Jahren noch als unterschätztes Nischengeschäft, trägt er nun die Schuld an einem immensen Umsatzverlust der Hersteller. Von 1998 bis 2009 stieg der Marktanteil der parallel

---

1 Mitteilung der Kommission vom 30.12.2003 über Paralleleinfuhren von Arzneispezialitäten, deren Inverkehrbringen bereits genehmigt ist, KOM (2003) 839 endg., S.6.

2 *Koenig/Engelmann/Sander*, GRUR Int. 2001 S.919 (919); *Hoffmann*, WRP 2004, S.994 (994).

3 *Douglas*, Die markenrechtliche Erschöpfung, Rn.156.

eingeführten Arzneimittel im Apothekenmarkt von weniger als zwei Prozent auf fast elf Prozent. 2008 erzielten die Parallelhändler einen Umsatz von 2,66 Milliarden Euro.[4] Verständlicherweise haben die Hersteller daher ein großes Interesse daran, *„den findigen Preisdrückern den Garaus zu machen"* [5].

Auf rechtlicher Ebene findet die Auseinandersetzung zwischen Hersteller und Parallelhändler vornehmlich im Markenrecht statt, da die Parallelhändler häufig die Arzneimittel nicht so in den Verkehr bringen können wie sie im Ausland erworben wurden und daher gezwungen sind, die Aufmachung der Ware zu verändern.[6] Hier kommt dem Erschöpfungsgrundsatz entscheidende Bedeutung zu.

Probleme bestehen aber auch im Arzneimittelrecht. Ein Arzneimittel darf nicht in den Verkehr gebracht werden, wenn es nicht zuvor ein aufwendiges Zulassungsverfahren durchlaufen hat. Allerdings kann die Durchführung eines solchen nicht ebenfalls von dem Parallelhändler verlangt werden, denn er hat das Arzneimittel nicht selbst hergestellt und verfügt somit regelmäßig nicht über dieselben Informationen und Unterlagen, wie der Originalhersteller. Es besteht also ein Spannungsverhältnis zwischen Gesundheitsschutz und Warenverkehrsfreiheit.

Beim Parallelhandel mit Arzneimitteln unterscheidet man seit Einführung der zentralen Zulassung für bestimmte Arzneimittel bei der Europäischen Arzneimittelagentur (EMA)[7] durch die VO 2309/93[8] zwischen dem Handel mit in den Mitgliedstaaten zugelassenen Arzneimitteln und solchen, die zentral zugelassen wurden. Der Handel mit den durch die Mitgliedstaaten zugelassenen Präparaten behielt den sich seit 30 Jahren eingebürgerten Namen des Parallelimports, während der neuartige

---

4 VFA, Statistics 2010, S.46 (abrufbar unter: http://www.vfa.de/embed/statistics-2010.pdf).

5 DIE ZEIT vom 19.01.1996, S.55 (Preisschlacht um Pillen).

6 *Douglas*, Die markenrechtliche Erschöpfung, Rn.3.

7 Die frühere Bezeichnung „European Medicines Evaluation Agency" und deren Abkürzung EMEA wurde zwar durch die VO 726/04 aufgehoben, jedoch zunächst von Literatur und Rechtsprechung weiter verwendet. Selbst die EMA änderte erst 2010 ihre Internetpräsenz von www.emea.europa.eu zu www.ema.europa.eu. Im weiteren Verlauf der Arbeit soll der Klarheit halber aber nur von der EMA die Rede sein.

8 Amtsblatt vom 24.08.1993, Nr. L 214, S.1 ff.

Handel mit zentral zugelassenen Arzneimitteln Parallelvertrieb genannt wird.[9]

Während es zum Parallelimport eine Vielzahl von Entscheidungen gibt und er auch in der Literatur kontrovers diskutiert wird, hat der Parallelvertrieb bislang nur eine Nebenrolle gespielt. Dafür ursächlich ist sicher zum Teil, dass im Verhältnis noch immer deutlich mehr Arzneimittel in den verschiedenen Mitgliedstaaten als zentral bei der EMA zugelassen werden und damit natürlich auch die Fälle eines Parallelimportes (noch) deutlich überwiegen.

Doch die Anzahl zentral zugelassener Arzneimittel steigt stetig und damit auch die Zahl der Parallelvertriebe. 2009 wurden in Deutschland vom Bundesinstitut für Arzneimittel und Medizinprodukte (BfArM) insgesamt 2.593 Arzneimittel zugelassen, davon waren 562 parallel importiert worden.[10] Im selben Zeitraum wurde die EMA über 1.425 Arzneimittel informiert, die neu parallel vertrieben werden sollten.[11] Im Vergleich zum Jahr 2003 mit damals 440 Arzneimitteln[12], stellt dies eine Steigerung um mehr als das Dreifache dar. Auch das Gros des Parallelhandelsumsatzes wird mittlerweile mit im zentralen Verfahren zugelassenen Präparaten getätigt.[13]

Aufgrund der zunehmenden Wichtigkeit des Parallelvertriebes verdient dieser Bereich eine tiefergehende Darstellung. Ziel der Arbeit ist es daher, den parallelen Handel von zentral zugelassenen Arzneimitteln insbesondere anhand von marken- und arzneimittelrechtlichen Problemen genauer in Augenschein zu nehmen.

Die vorliegende Arbeit ist in vier Kapitel gegliedert. Im ersten Kapitel, einem Grundlagenteil, dem eine kurze Einführung über die Besonderheiten der staatlichen Preisregulierung auf dem Arzneimittelmarkt so-

---

9 Mitteilung der Kommission über das gemeinschaftliche Zulassungsverfahren für Arzneimittel, Amtsblatt Nr. C 229 vom 22.07.1998, S.4 (8).

10 BfArM, Bearbeitungsstatistik 2009, S.2 (abrufbar unter: http://www.bfarm.de/SharedDocs/1_Downloads/DE/Arzneimittel/4_statistik/stat-2009-internet.pdf?__blob=publicationFile).

11 EMA, Work programme 2009, S25 (EMEA/87375/2009), (abrufbar unter: http://www.ema.europa.eu/docs/en_GB/document_library/Work_programme/2010/01/WC500046572.pdf).

12 EMA, Work programme 2005, S.26 (abrufbar unter: http://www.ema.europa.eu/docs/en_GB/document_library/Work_programme/2010/01/WC500046736.pdf).

13 *Römhild/Lübbig*, in: Dieners/Reese, Handbuch des Pharmarechts, § 15 Rn.112.

wie der staatlichen Förderung des Parallelhandels vorausgeht, soll ein Überblick über den Untersuchungsgegenstand gegeben werden. Dazu werden zunächst die generellen Zulassungsmöglichkeiten für Arzneimittel skizziert; zudem wird die Entwicklung des vereinfachten Zulassungsverfahrens für Parallelimporteure dargestellt. Danach soll erläutert werden, warum der Handel mit zentral zugelassenen Arzneimitteln einen „Vertrieb" und der Handel der national zugelassenen Arzneimittel einen „Import" darstellt. Daneben werden die Grundlagen des Markenrechts dargestellt, insbesondere die Integration der nationalen Markenrechte in den europäischen Binnenmarkt sowie der Erschöpfungsgrundsatz.

Das zweite Kapitel beschäftigt sich mit dem Spannungsverhältnis zwischen der Warenverkehrsfreiheit und dem Markenrecht des Schutzrechtsinhabers beim Parallelhandel mit Arzneimitteln. Zunächst hier soll erläutert werden, warum gerade das Markenrecht im Bereich des Parallelhandels eine solch herausragende Rolle spielt. Dazu wird die zum Parallelimport entwickelte Rechtsprechung des EuGH und des BGH dargestellt und daraufhin untersucht werden, inwieweit die entwickelten Grundsätze auch auf den Parallelvertrieb Anwendung finden können.

Im dritten Kapitel sollen arzneimittelrechtliche Probleme des Parallelvertriebs dargestellt werden. Hier geht es insbesondere um das von der EMA betriebene Notifizierungsverfahren sowie um die Frage des Status des Parallelhändlers als pharmazeutischer Unternehmer nach § 4 Abs.18 AMG.

Das vierte Kapitel wird eine Zusammenfassung der erarbeiteten Erkenntnisse liefern.

Kapitel 1 – Grundlagen

A. Arzneimittelrechtliche Grundlagen

I. Staatliche Preisregulierung auf dem Arzneimittelmarkt

Preisunterschiede können die Folge bewusster Marketingstrategien sein oder sich aus dem unterschiedlichen Lohnniveau ergeben. Sie können des Weiteren daraus resultieren, dass die Hersteller die Verkaufspreise ihrer Produkte nach Leistungsfähigkeit des Absatzmarktes bestimmen. Diese Leistungsfähigkeit schwankt infolge unterschiedlicher Kaufkraft und Zahlungsbereitschaft der Konsumenten für ein bestimmtes Gut oder verschieden intensivem Wettbewerb weltweit gesehen aber stark.[14]

Arzneimittel jedoch sind kein Gut wie jedes andere. Viele Menschen sind auf Arzneimittel angewiesen, so dass es fundamentalen ethischen Normen widerspräche, würde man sie diesem zwangsläufig selektiven System überlassen.[15] Eine Besonderheit des Arzneimittelhandels ist es daher, dass an Stelle der Verbraucher die Träger der sozialen Sicherheit die Krankheitskosten tragen.[16] Um die Entwicklung der öffentlichen Arzneimittelkosten eindämmen zu können und so die finanzielle Stabilität ihrer Sozialversicherungsträger zu gewährleisten, regulieren die meisten Mitgliedstaaten die Preise für Arzneimittel.[17]

Obwohl diese Regulierungen grundsätzlich geeignet sind, den innergemeinschaftlichen Handel zu beeinträchtigen, unterliegen sie nicht dem weitreichenden Beschränkungsverbot des Art.34 AEUV (Ex-Art.28 EG), sondern werden an dem die mitgliedsstaatliche Regelungskompetenz schonenderen Diskriminierungsverbot gemessen.[18] Unterschiedslos geltende und wirkende Preiskontrollsysteme stehen danach nicht im Widerspruch zur Warenverkehrsfreiheit, wenn und soweit der Marktzu-

---

14 *Pertek,* Vereinbarung im Sinne des Art.81 Abs.1 EG, S.35; *Freytag,* Parallelimporte, S.28.

15 *Schelling* , Nationale Preis- und Erstattungsvorschriften, S.17 *Mehnert,* Regulierung auf europäischen Arzneimittelmärkten, S.161.

16 EuGH Rs. 238/82 – Duphar, Slg. 1984 S.532 Rn.20.

17 Mitteilung der Kommission vom 01.07.2003, Die pharmazeutische Industrie Europas zum Wohl der Patienten stärken: was zu tun ist, KOM (2003) 383 endg. S.17.

18 *Becker,* in: Schwarze, EU-Kommentar, Art.28 EG, Rn.67; *Roth,* EuR 2007 Beiheft, S.1 (32).

gang nicht unmöglich gemacht wird.[19] Gemäß der Richtlinie 89/105/EWG[20] müssen die Mitgliedstaaten zudem gewährleisten, dass die Entscheidungen über Preisfindung und Erstattung auf objektiven und überprüfbaren Kriterien beruhen und innerhalb eines genauen zeitlichen Rahmens getroffen werden.

Da aber zwischen den einzelnen Mitgliedstaaten teilweise beträchtliche Unterschiede in den wirtschaftlichen Rahmenbedingungen wie Kaufkraft, Produktivität, Lohnniveau und Bruttosozialprodukt bestehen, hat jedes Land seine eigenen ökonomischen Grunddaten und betreibt daraus abgeleitet seine nationale Wirtschafts-, Gesundheits- und Sozialpolitik. Dies schließt auf dem Gesundheitssektor auch eine eigenständige Kostendämpfungspolitik ein.[21]

Daraus wiederum entwickelte sich innerhalb der EU eine Vielzahl von verschiedenartigen Strategien zur Kostendämpfung, die in vielfältigen Kombinationen angewandt werden[22] und damit keinen homogenen Arzneimittelmarkt innerhalb der EU entstehen lassen. Vielmehr stellen die Mitgliedstaaten jeweils gesonderte Märkte dar.[23]

Auf den jeweiligen Märkten variieren die Preise für Arzneimittel so erheblich, dass die europäische Kommission zwei Gruppen von Ländern zusammenfasst: die so genannten „Hochpreisländer" wie Großbritannien, Deutschland, Schweden und Österreich und Länder mit verhältnismäßig niedrigen Preisen wie Griechenland, Portugal und Spanien.[24]

Bei der staatlichen Regulierung unterscheidet man grundsätzlich zwischen direkter und indirekter Preisregulierung, wobei zu beobachten ist,

---

19 EuGH Rs. 181/82 – Roussel, Slg. 1983 S.3849 Rn.22.

20 Richtlinie 89/105/EWG des Rates vom 21.12.1988 betreffend die Transparenz von Maßnahmen zur Regelung der Preisfestsetzung bei Arzneimitteln für den menschlichen Gebrauch und ihre Einbeziehung in die staatlichen Krankenversicherungssysteme, Amtsblatt Nr. L 40 vom 11.2.1989, S.8.

21 *Freisler,* in: Schwarze,Unverfälschter Wettbewerb, S.23 (28); *Blasius/Cranz,* Arzneimittel und Recht in Europa, S.143.

22 Schlussanträge der GeneralanwältinVerica Trstenjak vom 13.11.2008 verb. Rs. C-352/07, C-353/07, C-354/07, C-355/07, C-356/07, C-365/07, C-366/07, C-367/07 und C-400/07 – Menarini/Ministero, Slg. 2009 S.I-2495 Rn.57; *Heinemann,* Nationale und europäische Arzneimittelregulierung, S.78.

23 *Schelling* , Nationale Preis- und Erstattungsvorschriften, S.18.

24 Entscheidung der Kommission vom 08.05.2001 in einem Verfahren gemäß Artikel 81 EG-Vertrag (Glaxo Wellcome) Amtsblatt vom 17.11.2001, Nr. L 302, S.1 Rn.162.

dass die sog. Hochpreisländer zumeist auf eine indirekte Regulierung setzen, während bei den Ländern mit einem niedrigeren Preisniveau die direkte Regulierung vorherrscht.[25] Den Regulierungsansätzen ist aber gemeinsam, dass die Preise zentral festgelegt werden und die Regulierung damit wenig Spielraum für die Differenzierung von Preisen – etwa durch direkte Verhandlungen zwischen einzelnen Krankenversicherern und Herstellern – lässt.[26]

1. *Direkte Preisregulierung*

Direkte Preisregulierungen sind insbesondere gesetzliche Bestimmungen, welche die beteiligten Akteure (Arzneimittelanbieter, Patienten) unmittelbar betreffen.[27] Dazu zählt die staatliche Festsetzung der Preise von neu auf den Markt gekommenen Präparaten, die Kontrolle der Preise bereits auf dem Markt befindlicher Produkte sowie generelle Preisstopps und -senkungen.[28]

In nahezu allen Ländern, deren Arzneimittelpreise staatlich geregelt werden, zieht man ausländische Preise desselben Arzneimittelpräparates als Vergleichsmaßstab heran (externe Referenz). Existiert ein vergleichbares inländisches Präparat, werden auch die Preise dieses Präparats als Referenzpreis herangezogen (interne Referenz). Das Preismaximum der Arzneimittelmarktpreise orientiert sich in den meisten Ländern an einem europäischen Durchschnittspreis, der sich aus einer Mischung von hohen und niedrigen Preisen diverser Referenzländer zusammensetzt.[29]

Jedoch geschieht es zuweilen, dass sich ein Mitgliedstaat bei der Preisfestsetzung allein an den niedrigsten Preisen orientiert. In Griechenland besteht z.B. seit 2005 das so genannte „2+1 System"[30], nach dem die Prei-

---

25 *Douglas,* Die markenrechtliche Erschöpfung, Rn.129.

26 *Greß/Niebuhr/Wasem,* Marktzugang und Preisbildung, S.47.

27 *Rosian,* GGW 02/2002, S.22 (25).

28 *Mehnert,* Regulierung auf europäischen Arzneimittelmärkten, S.195.

29 *Greß/Niebuhr/Wasem,* Marktzugang und Preisbildung, S.49.

30 Mitteilung der Griechischen Vereinigung der pharmazeutischen Unternehmen (SFEE) vom Januar 2006 (abrufbar unter: http://www.sfee.gr/files/editions_sfee/Newsletter_sfeeT59.pdf1_.pdf).

se für Arzneimittel nach dem Durchschnitt der drei[31] günstigsten Herstellerabgabepreise in den Mitgliedstaaten gebildet werden.[32]

2. *Indirekte Preisregulierung*

Als indirekte Preisregulierung dienen insbesondere die 1989 erstmals von Deutschland eingeführten Festbetragsregelungen. Der Festbetrag bestimmt, in welcher Höhe die GKV dem Patienten die Kosten eines Arzneimittels, welches einer Gruppe von vergleichbaren Arzneimitteln zugeordnet werden kann, erstattet. Zur Bildung dieser Referenzgruppen werden üblicherweise nach Ablauf des Patentschutzes das Originalpräparat und mindestens ein Nachfolgeprodukt wie z.B. ein Generikum herangezogen. Da ein Generikum meist preisgünstiger ist als das Originalprodukt, senkt dies regelmäßig den Preis der Referenzgruppe. Seit dem am 1.Januar 2004 in Kraft getretenen GKV-Modernisierungsgesetz (GMG) können zudem auch patentgeschützte Wirkstoffe in Festbetragsgruppen einbezogen werden. Ausgenommen davon sind nach § 35 Abs.1 SGBV nur solche Arzneimittel, deren Wirkungsweise neuartig ist oder die eine therapeutische Verbesserung bedeuten.

Das Referenzpreissystem lässt den Herstellerabgabepreis und die Freiheit der Unternehmen, diesen über dem Festbetrag festzusetzen, theoretisch unberührt.[33] Faktisch wird der Herstellerabgabepreis aber von der Festsetzung des Erstattungspreises bestimmt. Denn verlangt der Hersteller höhere Preise als den maximalen Erstattungspreis, so muss der Patient die Preisdifferenz selbst tragen. Dies empfindet der Patient, der die Übernahme der Kosten durch die Krankenversicherung als normalen Vorgang kennt, aber als besondere Belastung, sie ist ihm systemfremd.[34] Die Nachfrage wird daher oberhalb des Festbetrages bei homogenen Festbetragsgruppen sehr preiselastisch, so dass sie massiv zurückgeht.[35]

Seit Januar 2009 sind rund 29.000 verschiedene Fertigarzneimittelpackungen per Festbetrag im Handel: damit unterlagen fast drei Viertel

---

31 Zwei Preise aus den 15 alten EU Staaten und der Schweiz, sowie einer aus den im Mai 2004 neu beigetretenen Mitgliedstaaten.

32 Market Decree 14/89, (abrufbar unter: http://www.sfee.gr/files/story/download_pdf_file_116kb__93791.pdf).

33 *Schelling* , Nationale Preis- und Erstattungsvorschriften, S.28.

34 *Schelling* , Nationale Preis- und Erstattungsvorschriften, S.29.

35 *Greß/Niebuhr/Wasem*, Marktzugang und Preisbildung, S.53.

aller verordneten Arzneimittel in Deutschland dieser Regulierung.[36] Einige Mitgliedstaaten haben die Festbetragsregelung mittlerweile übernommen, so wie z.B. die Niederlande.

In Großbritannien existiert zudem seit 1957 eine Gewinnregulierung als weitere Art der indirekten Preisregulierung. Gegenstand sind hier die erzielten Gesamtgewinne des Arzneimittelherstellers aus den Geschäften mit dem die Arzneimittel nachfragenden bzw. bezahlenden nationalen Gesundheitsdienst National Health Service (NHS).[37]

3. *Handelsspannenregulierung*

Neben den Herstellerabgabepreisen werden auch die Publikumspreise staatlich reguliert. In der Regel werden dazu die zulässigen Aufschläge des Großhandels und der Apotheken auf den Herstellerabgabepreis festgelegt.[38] Auch diese Aufschläge variieren zwischen den Mitgliedstaaten.[39]

Da der Parallelhändler das Arzneimittel grundsätzlich über den ausländischen Großhandel bezieht, sind in diesem Zusammenhang insbesondere die unterschiedlichen Margen dieser Handelsstufe für ihn relevant.[40] Durch Veränderungen der gesetzlichen Grundlagen wie des GMG sind die Differenzen in den Handelsmargen jedoch deutlich zurückgegangen und spielen daher keine so entscheidende Rolle mehr. Herrschten zuvor gravierende Unterschiede innerhalb der Mitgliedstaaten

---

36 VFA, Statistics 2009, S.52 (abrufbar unter: http://www.vfa.de/download/de/presse/publikationen/statistics-2009.pdf.html).

37 Hierzu ausführlich *Greß/Niebuhr/Wasem*, Marktzugang und Preisbildung, S.54 ff..

38 In Deutschland geschieht dies durch §§ 2,3 AMPreisV. Danach erhält die Apotheke gemäß § 3 Abs.1 AMPreisV einen Festzuschlag von 3 Prozent zuzüglich 8,10 Euro. Der Großhandel verfügt über keinen fixen, sondern gemäß § 2 AMPreisV degressiv gestaffelten Höchstzuschlag. Für den Normalfall, dass die Apotheke das Arzneimittel nicht direkt über den Hersteller, sondern über den Großhandel bezieht, ergibt sich also der Festzuschlag aus den 3 Prozent des Herstellerpreises zzgl. des Großhandelshöchstzuschlags (dabei kommt es nicht darauf an, dass der Großhändler auch wirklich den Höchstzuschlag wählt) sowie den 8,10 Euro. Der Krankenversicherung eines Patienten der Gesetzlichen Krankenversicherung muss zudem ein Abschlag von € 2,30 für verschreibungspflichtige Fertigarzneimittel gewährt werden.

39 *Tekautschitz*, Machtmissbrauch marktbeherrschender Unternehmen, S.152; *Douglas*, Die markenrechtliche Erschöpfung, Rn.131.

40 *Lieck*, Der Parallelhandel mit Arzneimitteln, S.3.

mit einer Großhandelsspanne, die von nur 3,0 Prozent (Schweden) des Apothekeneinkaufspreises[41] (ohne Mehrwertsteuer) bis zu 15Prozent (Irland) reichen konnte[42], so liegt nun die größte Handelsspanne eines Mitgliedsstaates bei nur noch ca.6,7 Prozent (Irland).[43]

II. Staatliche Förderung des Parallelhandels

Eine weitere Besonderheit des Parallelhandels mit Arzneimitteln ist dessen gezielte staatliche Förderung zur Senkung der Ausgaben im Gesundheitswesen.44 Dazu gehört zum einen die 1999 erneut in den § 129 Abs.1 Nr.2 SGB V aufgenommene Reimportförderklausel, durch die die Apotheken verpflichtet werden, ein preisgünstigeres45 Importarzneimittel abzugeben, wenn dies möglich ist.46 Nach § 5 Abs.3 des aktuellen Rahmenvertrages zwischen den Spitzenverbänden der Krankenkassen und dem deutschen Apothekerverband besteht zudem eine Importquote von mindestens 5Prozent.[47]

Zum anderen untersagte bereits 1991 das Bundeskartellamt drei Großhändlern unter Androhung einer Geldbuße, sich gegenüber den Parallelhändlern zu weigern, deren Arzneimittel nach großhandelsüblichen Bedingungen zu beziehen und zu vertreiben. Hintergrund war eine von sämtlichen Pharmagroßhändlern praktizierte Bezugssperre, durch die der Marktzugang für Importarzneimittel behindert wurde. Nach Auffassung des Bundeskartellamtes verstieß dies gegen das Diskriminierungsverbot des § 20 GWB.

Diese Kontrahierungspflicht wurde 1995 vom BGH[48] bestätigt. Wegen der nur beim Großhandel gewährleisteten schnellen Verfügbarkeit einer

---

41 Dieser ergibt sich aus dem Herstellerabgabenpreis und dem Großhandelszuschlag.

42 *Greß/Niebuhr/Wasem*, Marktzugang und Preisbildung, S.26.

43 VFA, Statistics 2010, S.17 (abrufbar unter: http://www.vfa.de/embed/statistics-2010.pdf).

44 Ob der Parallelhandel tatsächlich zu einer Senkung der Ausgaben beitragen kann, wird kontrovers diskutiert. Hierzu ausführlich, *Douglas,* Die markenrechtliche Erschöpfung, Rn.169 ff.

45 Nach § 129 Abs.1 Nr.2 SGB V muss dies mindestens 15 Prozent oder mindestens 15 Euro günstiger sein, als das Bezugsarzneimittel.

46 *Douglas,* Die markenrechtliche Erschöpfung, Rn.158.

47 Rahmenvertrag über die Arzneimittelversorgung nach § 129 Absatz 2 SGB V in der Fassung vom 17. Januar 2008.

48 BGH, WRP 1995, S.713 (716).

Vielzahl unterschiedlicher Medikamente würden die Apotheken dort nahezu vollständig ihren Bedarf decken. Damit sei diese Marktstufe für den ungestörten Handel mit Arzneimitteln sowohl für die Pharmahersteller als auch für die Händler von größter Bedeutung. Da etwa 90 Prozent des gesamten Arzneimittelbedarfs über den Großhandel abgewickelt würden, liege es auf der Hand, dass selbst umsatzstarke Pharmahersteller den Direktvertrieb als wirtschaftlich sinnvolle Alternative zum Großhandelsvertrieb verworfen hätten. Die Sperrung dieser Marktstufe stelle deshalb für die Händler eine schwerwiegende, wenn auch nicht existenzbedrohende Beeinträchtigung ihrer wirtschaftlichen Betätigung dar. Ein zusätzliches Gewicht erhalte das wettbewerbsfeindliche Verhalten der Betroffenen dadurch, dass damit zugleich in die den Endabnehmern der Arzneimittel zustehende Nachfrageentscheidung eingegriffen werde. Mangels Verfügbarkeit von Importarzneimitteln beim Großhandel werde sich der Verbraucher häufig gehindert sehen, auf ein Importarzneimittel zurückzugreifen, dem er aus Gründen unmittelbarer oder mittelbarer, über seine Krankenversicherungsbeiträge angestrebter Kostenersparnis den Vorzug vor dem teureren Originalmedikament gegeben hätte.[49] Im Jahr 2000 starteten die Hersteller einen erneuten Vorstoß am BVerfG, blieben aber auch dort erfolglos.[50]

III. Das Zulassungserfordernis von Arzneimitteln

1965 stellte der Rat mit der Richtlinie 65/65/EWG[51] die Weichen für eine von der bis dahin gängigen Praxis der bloßen Registrierung eines Arzneimittels abweichende Zulassungspflicht für Arzneimittelspezialitäten. Die gültigen Vorschriften sind nun in der Richtlinie 2001/83/EG[52], zuletzt geändert durch die Richtlinie 2009/53/EG[53], enthalten. Nach Art.1 Nr.1

---

49 BGH, WRP 1995, S.713 (717).

50 BVerfG, GRUR 2001, 266 (266).

51 Richtlinie 65/65/EWG des Rates vom 26.01.1965 zur Angleichung der Rechts- und Verwaltungsvorschriften über Arzneimittel, Amtsblatt Nr. 22 vom 09.02.1965, S.369.

52 Richtlinie 2001/83/EG des Europäischen Parlaments und des Rates vom 06.11.2001 zur Schaffung eines Gemeinschaftskodexes für Humanarzneimittel, Amtsblatt Nr. L 311 vom 28.11.2001, S.67.

53 Richtlinie 2009/53/EG des Europäischen Parlaments und des Rates vom 18. Juni 2009 zur Änderung der Richtlinie 2001/82/EG und der Richtlinie 2001/83/EG in Bezug auf Änderungen der Bedingungen für Genehmigungen für das Inverkehrbringen von Arzneimitteln, Amtsblatt. L 168 vom 30.06.2009, S.33.

der Richtlinie 2001/83/EG fallen unter den Begriff einer Arzneimittelspezialität alle Arzneimittel, die im Voraus hergestellt und unter einer besonderen Bezeichnung und in einer besonderen Aufmachung in den Verkehr gebracht werden. Diese dürfen in einem Mitgliedstaat erst dann in den Verkehr gebracht werden, wenn die zuständige Behörde des Mitgliedstaats die Genehmigung dafür erteilt hat.[54] Sinn und Zweck der Zulassungspflicht ist es, mögliche Gefahren in einem Zeitraum zu eliminieren, in dem von potentiell bedenklichen Arzneimitteln noch keine Gefahren für den Verbraucher ausgehen.[55]

Die Zulassung erfolgt auf Antrag.[56] Als antragstellender pharmazeutischer Unternehmer kommen natürliche und juristische Personen in Betracht. Nicht rechtsfähige Personenvereinigungen, so zum Beispiel eine Gesellschaft bürgerlichen Rechts, können als Vereinigung keine solchen Anträge stellen. Dem Antrag sind neben der Angabe der für das Inverkehrbringen verantwortlichen Person, Zusammensetzung, Dosierung und Darreichungsform, insbesondere die Ergebnisse der analytischen, pharmakologisch-toxikologischen und klinischen Prüfungen beizulegen.

Grundsätzlich unterscheidet man innerhalb der EU zwischen drei verschiedenen Zulassungsverfahren, dem nationalen, dem dezentralen sowie dem zentralen Verfahren. Diese sollen zunächst kurz dargestellt werden, ehe auf die für den Parallelimporteur bestehende Besonderheit eines vereinfachten Zulassungsverfahrens eingegangen wird.

1. *Die europäischen Zulassungsverfahren*

a) *Die nationale Zulassung*

Es besteht die Möglichkeit, das Arzneimittel in einem einzelnen Mitgliedsstaat zuzulassen. Man spricht hier von einer nationalen Zulassung. Der Antrag ist bei der zuständigen Bundesoberbehörde[57] zu stellen. Sie

---

54 Art.6 Abs.1 der Richtlinie 2001/83/EG .Zu den Besonderheiten des zentralen Zulassungsverfahrens, siehe unter III. 3.

55 *Stiebler*, Aspekte der Arzneimittelzulassung, S.18.

56 Art.8 der Richtlinie 2001/83/EG.

57 Gemäß § 77 I AMG ist die zuständige Behörde in Deutschland grundsätzlich das Bundesamt für Arzneimittel und Medizinprodukte (BfArM). Handelt es sich jedoch um Sera, Impfstoffe etc., ist das Paul Ehrlich Institut (PEI) zuständig, bei Tierarzneimitteln ist es das Bundesamt für gesundheitlichen Verbraucherschutz und Veterinärmedizin (BfgVV).

ist dann nur in dem jeweiligen Mitgliedstaat gültig und kann gewissermaßen als historischer Ursprung der Arzneimittelzulassung gesehen werden.[58]

Soll ein Arzneimittel, das nicht zentral zugelassen wird, in mehren Staaten in den Verkehr gebracht werden, so besteht seit 1998 nicht mehr die Möglichkeit, parallele Zulassungsanträge in verschiedenen Staaten zu stellen. Vielmehr ist die Ausdehnung einer nationalen Zulassung auf die Hoheitsgebiete anderer Mitgliedstaaten nur noch auf dem Wege des dezentralen Verfahrens möglich.[59] Nationale Zulassungsverfahren spielen daher kaum noch eine Rolle, mit Ausnahme für lokale Produkte, wie z.B. traditionelle Arzneimittel.[60]

b) Die dezentrale Zulassung

Um den europäischen Markt weiter zu vereinheitlichen, wurde mit der Richtlinie 83/570/EWG[61] zunächst das Mehrstaatenverfahren eingeführt, welches dann durch die Richtlinie 93/39/EWG[62] als dezentrales Zulassungsverfahren ausgestaltet wurde. Die gültigen Vorschriften finden sich auch hier nunmehr in der Richtlinie 2001/83/EG.

Das dezentrale Zulassungsverfahren beruht auf dem Prinzip der gegenseitigen Anerkennung. In diesem Verfahren wird eine von einem Mitgliedsstaat erteilte Genehmigung für das Inverkehrbringen auf einen oder mehrere vom Antragsteller benannte Mitgliedstaaten erweitert. Dabei wird der Mitgliedstaat, bei dem die Ersteinreichung erfolgt, als Referenzmitgliedstaat[63] (engl.: Reference Member State, offizielle Abkürzung: RMS) bezeichnet. All jene Mitgliedstaaten, in denen die Zulassung anerkannt werden soll, nennt man betroffene Mitgliedstaaten[64] (engl.:

---

58 *Stiebler*, Aspekte der Arzneimittelzulassung, S.22.

59 *Koenig/Engelmann/Sander*, GRUR Int. 2001, S.919 (921).

60 *Blasius/Cranz*, Arzneimittel und Recht in Europa, S.74; *Kleist*, PharmR 1998, S.154 (154).

61 Richtlinie 83/570/EWG des Rates vom 26.10.1983 zur Änderung der Richtlinien 65/65/EWG, 75/318/EWG und 75/319/EWG zur Angleichung der Rechts- und Verwaltungsvorschriften über Arzneispezialitäten, Amtsblatt Nr. L 332 vom 28.11.1983, S.1.

62 Richtlinie 93/39/EWG des Rates vom 14.06.1993 zur Änderung der Richtlinien 65/65/EWG, 75/318/EWG und 75/319/EWG betreffend Arzneimittel, Amtsblatt Nr. L 214 vom 24.08.1993, S.22.

63 Art.28 Abs.1 der Richtlinie 2001/83/EG.

64 Art.28 Abs.2 der Richtlinie 2001/83/EG.

Concerned Member States, offizielle Abkürzung: CMS). Stellt der Arzneimittelhersteller den Antrag auf Genehmigung bei mehr als einem Mitgliedstaat, so hat der Antragsteller einen Mitgliedstaat als RMS auszuwählen. Durch die Erteilung der Zulassung erhält das Arzneimittel in jedem Mitgliedstaat die nationale Zulassung.

Ein Mitgliedstaat kann Bedenken gegen eine Anerkennung vortragen, wenn er der Auffassung ist, dass Anlass zu der Annahme besteht, dass die Zulassung des Arzneimittels eine Gefahr für die öffentliche Gesundheit darstellen kann.[65] Geschieht dies, muss die Sache zu der so genannten Koordinierungsgruppe, die aus Vertretern der Mitgliedstaaten besteht.[66] Erzielt die Koordinierungsgruppe in dieser Frage keine Einigung, wird der Ausschuss für Humanarzneimittel (engl.: Committee for Medicinal Products for Human Use, offizielle Abkürzung: CHMP) der EMA mit der Angelegenheit betraut und ein Schiedsverfahren eingeleitet.[67] Das Schiedsverfahren führt zu einer bindenden Entscheidung der Kommission in der strittigen Frage.[68]

Da sowohl das nationale als auch das dezentrale Zulassunsgverfahren auf mitgliedstaatlichem Recht beruhen, soll daher im weiteren Verlauf der Arbeit von beiden Verfahren nur unter dem Oberbegriff der nationalen Zulassung die Rede sein.

c) Die zentrale Zulassung

Am 22. Dezember 1986 erließ der Rat die Richtlinie 87/22/EWG zur Angleichung der einzelstaatlichen Maßnahmen betreffend das Inverkehrbringen technologisch hochwertiger Arzneimittel.[69] Mit dem dort verankerten „Konzertierungsverfahren" sollte erreicht werden, dass die Entwicklung von technologisch hochwertigen Arzneimitteln, meist Ergebnis einer langen und kostspieligen Forschung, weiterhin in Europa stattfinden sollte. Dies konnte nach Auffassung des Rates nur bei gleichen Bedingungen für das Inverkehrbringen in der ganzen Gemeinschaft gelingen.

---

65 Art.29 Abs.1 der Richtlinie 2001/83/EG.

66 Art.27 Abs.1 der Richtlinie 2001/83/EG.

67 Art.30 Abs.1 der Richtlinie 2001/83/EG.

68 Art.34 Abs.3 der Richtlinie 2001/83/EG.

69 Richtlinie 87/22/EWG des Rates vom 22.12.1986 zur Angleichung der einzelstaatlichen Maßnahmen betreffend das Inverkehrbringen technologisch hochwertiger Arzneimittel, insbesondere aus der Biotechnologie, Amtsblatt Nr. L 15 vom 17.01.1987, S.38.

Das Konzertierungsverfahren, welches vor Erlass einer mitgliedsstaatlichen Entscheidung über den Zulassungsantrag eine Abstimmung der Mitgliedstaaten im Rahmen des CPMP (engl.: Committee for Proprietary Medicinal Products, Vorgänger des CHMP) mit Erstellung einer für die Mitgliedstaaten unverbindlichen Stellungnahme des CPMP vorsah, führte allerdings dennoch zum Erlass mitgliedsstaatlicher Entscheidungen mit ausschließlicher Geltung in den einzelnen Mitgliedstaaten. [70]

Die aufgrund der Richtlinie 87/22/EWG gewonnenen Erfahrungen zeigten die Erforderlichkeit, ein zentralisiertes Gemeinschaftsgenehmigungsverfahren für technologisch hochwertige Arzneimittel einzurichten, damit das hohe Niveau der wissenschaftlichen Beurteilung dieser Arzneimittel in der Europäischen Union aufrechterhalten werde und das Vertrauen der Patienten und der medizinischen Fachkräfte in diese Beurteilung erhalten bliebe.[71] Am 01. Januar 1995 trat daraufhin das durch die VO 2309/93[72] eingeführte zentrale Zulassungsverfahren in Kraft und ermöglichte erstmals die gemeinschaftsweite Zulassung von bestimmten Human- und Tierarzneimitteln. Die VO 2309/93 wurde mittlerweile durch die VO 726/04[73] ersetzt.

Das zentrale Zulassungsverfahren unterscheidet zwischen obligatorischer und fakultativer Anwendbarkeit. Gemäß Art.3 Abs.1 der VO 726/04 muss ein im Anhang der VO aufgeführtes Arzneimittel den Weg der zentralen Zulassung gehen. Dazu zählen insbesondere Arzneimittel aus dem Bereich der Biotechnologie, sowie solche, die einen neuen Wirkstoff enthalten, der bei Inkrafttreten der VO noch nicht in der Gemeinschaft genehmigt war und dessen therapeutische Indikation die Behand-

---

70 *Collatz*, Die neuen europäischen Zulassungsverfahren, S.65.

71 Erwägungsgründe der VO (EG) Nr. 726/2004 des Europäischen Parlaments und des Rates vom 31.03.2004 zur Festlegung von Gemeinschaftsverfahren für die Genehmigung und Überwachung von Human und Tierarzneimitteln und zur Errichtung einer Europäischen Arzneimittel-Agentur, Amtsblatt Nr. L 136 vom 30.04.2004, S.1.

72 VO (EWG) Nr.2309/93 des Rates vom 22.07.1993 zur Festlegung von Gemeinschaftsverfahren von Human- und Tierarzneimitteln und zur Schaffung einer Europäischen Agentur für die Beurteilung von Arzneimitteln, Amtsblatt Nr. L 214 vom 24.08.1993, S.1

73 VO (EG) Nr. 726/2004 des Europäischen Parlaments und des Rates vom 31.03.2004 zur Festlegung von Gemeinschaftsverfahren für die Genehmigung und Überwachung von Human und Tierarzneimitteln und zur Errichtung einer Europäischen Arzneimittel-Agentur, Amtsblatt Nr. L 136 vom 30.04.2004, S.1.

lung von bestimmten Krankheiten, wie z.B. Krebs und Immunschwächen ist.

Zusätzlich ist das Verfahren als Option für andere Arzneimittel möglich, die ebenfalls einen neuen, bei Inkrafttreten der VO noch nicht in der Gemeinschaft genehmigten Wirkstoff enthalten, dessen therapeutische Indikation aber nicht die Behandlung von im Anhang der Verordnung aufgeführten Krankheiten ist.[74] Darüber hinaus gilt die fakultative Anwendbarkeit für Arzneimittel, die eine bedeutende Innovation in therapeutischer, wissenschaftlicher oder technischer Hinsicht darstellen oder wenn die zentrale Zulassung im Interesse der Patienten oder der Tiergesundheit liegt.

Im Gegensatz zum Verfahren der gegenseitigen Anerkennung sind die Anträge im zentralisierten Verfahren direkt bei der Europäischen Agentur EMA einzureichen.[75] Innerhalb der Agentur ist der CHMP zuständig für die Formulierung des Gutachtens zu allen Fragen bezüglich der Zulässigkeit des Antrags.[76] Die Genehmigung ist zunächst für fünf Jahre gültig.[77] Wird sie danach verlängert, gilt sie unbefristet,[78] es sei denn, die Kommission beschließt in begründeten Fällen im Zusammenhang mit der Pharmakovigilanz eine zusätzliche Verlängerung um fünf Jahre.

Die zentrale Zulassung wirkt sich per definitionem auf alle Mitgliedstaaten der EU aus,[79] damit liegt der wesentliche Vorteil darin, dass hiermit der gemeinschaftsweite Marktzutritt in verhältnismäßig kurzer Zeit zu erreichen ist. Außerdem wird der Aufwand für die Vorbereitung eines Antrags in den pharmazeutischen Unternehmen durch die zentrale Antragstellung erheblich reduziert.[80]

d) Zusammenfassung

Durch die verschiedenen Zulassungsverfahren besteht regulativer Wettbewerb zwischen den Mitgliedstaaten und der EU, denn die Zulassung kann sowohl nach mitgliedstaatlichem Recht als auch nach Gemein-

---

74 Art.3 Abs.2 der VO 726/04.

75 Art.4 Abs.1 der VO 726/04.

76 Art.5 Abs.2 der VO 726/04.

77 Art.14 Abs.1 der VO 726/04.

78 Art.14 Abs.3 der VO 726/04.

79 Mitteilung der Kommission über das gemeinschaftliche Zulassungsverfahren für Arzneimittel, Amtsblatt Nr. C 229 vom 22.07.1998, S.4 (8).

80 *Blasius/Müller-Römer/Fischer*, Arzneimittel und Recht in Europa, S.146.

schaftsrecht erfolgen.[81] Zwar sind die materiellen Zulassungskriterien für alle Verfahren gleich, für den Hersteller hat das zentrale Zulassungsverfahren aber den großen Vorteil, dass mit der Zulassung das Arzneimittel Verkehrsfähigkeit im gesamten Binnenmarkt erlangt und damit alle aus einer Mehrfachzulassung und -kontrolle resultierenden Belastungen ausgeschaltet werden.[82] Zudem dient das zentralisierte Zulassungsverfahren aber auch dazu, Zulassungsverfahren für bestimmte Arzneimittel vom Wettbewerb auszunehmen. Dies gilt für sämtliche Arzneimittel, die im Anhang der VO 726/04 genannt sind. In dieser Hinsicht wirkt das zentralisierte Zulassungsverfahren maximalharmonisierend.[83]

2. *Die vereinfachte Zulassung für Parallelimporteure*

Bei national zugelassenen Arzneimitteln stellt sich die Frage, ob der Parallelimporteur das Arzneimittel unabhängig vom Zulassungsinhaber in den gewünschten Einfuhrländern vertreiben darf oder ob er eine eigene Zulassung benötigt.

Gegen das Erfordernis einer eigenen Zulassung spricht zunächst Art.34 AEUV (Ex-Art.28 EG), der den freien Warenverkehr innerhalb der EU garantiert. Da der Parallelimporteur nicht über die für den Zulassungsantrag notwendigen Unterlagen, wie insbesondere die Ergebnisse der analytischen, pharmakologisch-toxikologischen und klinischen Prüfungen verfügt, wird ihm regelmäßig eine Zulassung nicht möglich sein. Der Parallelhandel würde daher verhindert und der freie Warenverkehr mit Arzneimitteln erheblich eingeschränkt.[84] Allerdings sind Ein- und Ausfuhrbeschränkungen gemäß Art.36 AEUV (Ex-Art.30 EG) dann gerechtfertigt, wenn sie zum Schutz der Gesundheit und des Lebens von Menschen erforderlich sind. Dies kann insbesondere dann der Fall sein, wenn der Zulassungsbehörde erst durch die Einreichung vollständiger Zulassungsunterlagen die Prüfung ermöglicht wird, ob das Arzneimittel bei Vornahme einer Risiko/Nutzenanalyse unbedenklich ist.[85]

Über das skizzierte Problem, die Vereinbarkeit eines Zulassungserfordernisses für parallel eingeführte Arzneimittel mit Art.34, 36 AEUV (Ex-

---

81 *Purnhagen*, EuR 2010, S.438 (440).

82 *Roth*, EuR Beiheft 2007, S.9 (15).

83 *Purnhagen*, EuR 2010, S.438 (443).

84 *Koenig/Engelmann/Sander*, GRUR Int. 2001, S.919 (921).

85 *Lieck*, Der Parallelhandel mit Arzneimitteln, S.19.

Art.28, 30 EG), hatte der EuGH seit 1976 mehrfach zu entscheiden. Grundlegende Bedeutung hat die Entscheidung der Rechtssache „de Peijper"[86]. In der Entscheidung ging es um den Fall, dass die Firma Centrafarm[87] Arzneimittel in Großbritannien erwarb und diese in die Niederlande einführen wollte. Die zuständige Behörde in den Niederlanden verlangte von Centrafarm für die Genehmigung des Arzneimittels bestimmte Unterlagen, nämlich die Dokumentation („Dossier") und die Aufzeichnungen („Protocollen"), die nach den niederländischen Rechtsvorschriften vorzulegen waren.[88] Die Dokumentation bezog sich dabei auf das Erzeugnis im Allgemeinen, während die Aufzeichnungen sich auf jede konkrete Einzelpartie des Erzeugnisses bezogen.[89]

Da Centrafarm das Arzneimittel nicht selbst hergestellt hatte, verfügte es nicht über die erforderlichen Unterlagen. Allerdings stimmte das eingeführte Arzneimittel in allen Punkten mit einem Erzeugnis überein, für das die Gesundheitsbehörden der Niederlande bereits über Unterlagen des Herstellungsverfahrens sowie über die quantitative und qualitative Zusammensetzung, also der Dokumentation, verfügten, weil ihnen diese Unterlagen bereits früher vom Hersteller zur Stützung eines Antrags auf Genehmigung für das Inverkehrbringen unterbreitet worden waren.[90] Eine Anfrage beim Hersteller auf Herausgabe der notwendigen Unterlagen blieb jedoch erfolglos, da dieser die Mitwirkung verweigerte.[91]

Der EuGH sah eine solche Maßnahme, die es dem Hersteller ermöglichte, die Einfuhr und den Vertrieb des betroffenen Erzeugnisses durch die schlichte Verweigerung der Dokumentation und der Aufzeichnungen zu monopolisieren, als unnötig stark beschränkend an. Diese falle daher unter das Verbot des Art.34 AEUV (Ex-Art.28 EG).[92] Auch der Ausnahmetatbestand des Art.36 AEUV (Ex-Art.30 EG) greife nicht ein. Zwar nehme unter den in Art.36 AEUV (Ex-Art.30 EG) geschützten Gütern und Interessen die Gesundheit und das Leben von Menschen den ersten Rang ein und es sei die Sache der Mitgliedstaaten, in den durch den

---

86 EuGH Rs. C-104/75 – De Peijper, Slg. 1976 S.613.

87 Adriaan de Peijper war zu diesem Zeitpunkt der Geschäftsführer der Centrafarm B.V.

88 EuGH Rs. C-104/75 – De Peijper, Slg. 1976 S.613 Rn.1/2.

89 EuGH Rs. C-104/75 – De Peijper, Slg. 1976 S.613 Rn.6.

90 EuGH Rs. C-104/75 – De Peijper, Slg. 1976 S.613 Rn.10/11.

91 EuGH Rs. C-104/75 – De Peijper, Slg. 1976 S.613 Rn.7/8.

92 EuGH Rs. C-104/75 – De Peijper, Slg. 1976 S.613 Rn.32.

Vertrag gesetzten Grenzen zu bestimmen, in welchem Umfang sie deren Schutz gewährleisten wollten, insbesondere wie streng die durchzuführenden Kontrollen ausfallen sollten. Aus Art.36 AEUV (Ex-Art.30 EG) ergebe sich jedoch, dass eine nationale Regelung oder Praxis, die eine die Einfuhr pharmazeutischer Erzeugnisse beschränkende Wirkung habe oder haben könnte, mit dem Vertrag nur vereinbar sei, soweit sie für einen wirksamen Schutz der Gesundheit und des Lebens von Menschen notwendig sei.[93] In diesem Zusammenhang müsse nach Ansicht des EuGH zwischen der Dokumentation und den Aufzeichnungen unterschieden werden

Bezüglich der Dokumentation sei es offensichtlich für den Schutz der Gesundheit und des Lebens von Menschen nicht notwendig, sie vom Parallelimporteur zu fordern, da die Behörde aufgrund des früheren Zulassungsverfahrens bereits über alle für die Untersuchung der Wirksamkeit und der Unschädlichkeit des Arzneimittels als unentbehrlich angesehenen pharmazeutischen Angaben verfüge.[94]

Bei den Aufzeichnungen dagegen hätten die Behörden ein berechtigtes Interesse daran, jederzeit mit Sicherheit feststellen zu können, ob diese Partie mit den Angaben in der Dokumentation übereinstimme.[95] Allerdings treffe hier die Behörden eine aktive Beschaffungspflicht, da sie über legislative und administrative Mittel verfüge, mit denen der Hersteller gezwungen werden könne, die Angaben zu machen, die die Feststellung ermöglichen, ob das parallel importierte Arzneimittel mit demjenigen übereinstimme, über das die nationalen Behörden bereits unterrichtet seien. Zum anderen könnten sie mit den Behörden anderer Mitgliedstaaten zusammenarbeiten. Es bestehe daher eine Vermutung für die Übereinstimmung der konkreten Partie, mit der Folge, dass die Verwaltung diese gegebenenfalls zu widerlegen hätte.[96]

Dies gelte überdies auch für eingeführte Arzneimittel, bei denen die Abweichung im Herstellungsverfahren oder der quantitativen und qualitativen Zusammensetzung von untergeordneter Bedeutung sei und die Vermutung gegeben sei, dass die Abweichung vom Hersteller nur zur Verhinderung des Imports gewollt sei.[97] Nur wenn sich aus von dem

---

93 EuGH Rs. C-104/75 – De Peijper, Slg. 1976 S.613 Rn.14/18.

94 EuGH Rs. C-104/75 – De Peijper, Slg. 1976 S.613 Rn.21/22.

95 EuGH Rs. C-104/75 – De Peijper, Slg. 1976 S.613 Rn.23.

96 EuGH Rs. C-104/75 – De Peijper, Slg. 1976 S.613 Rn.28.

97 EuGH Rs. C-104/75 – De Peijper, Slg. 1976 S.613 Rn.33.

Hersteller oder seinem offiziellen Importeur vorzulegenden Daten oder Unterlagen ergäbe, dass mehrere Varianten des Arzneimittels existieren und die zwischen diesen bestehenden Unterschiede therapeutisch relevant seien, sei es gerechtfertigt, die Varianten für die Genehmigung des Inverkehrbringens und die Vorlage der hierzu erforderlichen Unterlagen als zwei verschiedene Arzneimittel zu behandeln mit der Maßgabe, dass eine Vollzulassung notwendig sei.[98]

In der Folgezeit erweiterte und präzisierte der EuGH seine Rechtsprechung.[99] Mittlerweile steht fest, dass der Parallelimporteur, der ein Arzneimittel in einem Mitgliedstaat in den Verkehr bringen will, auf seinen Antrag hin von der zuständigen Behörde in einem vereinfachten Verfahren, wonach er weniger Angaben machen muss als bei einem Antrag auf Erteilung einer Genehmigung für das Inverkehrbringen nach der Richtlinie 2001/83/EG, eine Genehmigung für die Paralleleinfuhr erhalten kann, wenn folgende Voraussetzungen erfüllt sind:

- Die für das Inverkehrbringen des Arzneimittels im Einfuhrstaat erteilte Genehmigung besteht und im Ausfuhrstaat wurde eine solche Genehmigung ebenfalls erteilt. Diese muss jedoch nicht mehr wirksam sein.[100]
- Das importierte Arzneimittel ist hinreichend gleichartig, es enthält also die gleichen Wirkstoffe und die gleichen therapeutischen Wirkungen wie das Referenzpräparat im Einfuhrstaat.[101] Verwendet es jedoch nicht die gleichen Hilfsstoffe und wird es nach einem anderen Verfahren hergestellt, muss die zuständige Behörde im Einfuhrstaat in der Lage sein nachzuprüfen, dass das Arzneimittel bei bestimmungsgemäßem Gebrauch den Anforderungen an seine Qualität, Wirksamkeit und Sicherheit genügt und eine normale Arzneimittelüberwachung sichergestellt ist.[102] Keine Voraussetzung für die hinreichende Gleichartigkeit ist jedoch der gemeinsame Ursprung der Arzneimittel.[103]

---

98 EuGH Rs. C-104/75 – De Peijper, Slg. 1976 S.613 Rn.2.

99 EuGH Rs. C-201/94 – Smith&Nephew, Slg. 1996 S.5819; EuGH Rs. C-94/98 – Rhône Poulenc Rorer, Slg. 1999 S.8789; EuGH Rs. C-112/02 – Kohlpharma, Slg. 2004 S.3369.

100 EuGH Rs. C-94/98 – Rhône Poulenc Rorer, Slg. 1999 S.8789 Rn.48.

101 EuGH Rs. C-201/94 – Smith&Nephew, Slg. 1996 S.5819 Rn.1.

102 EuGH Rs. C-94/98 – Rhône Poulenc Rorer, Slg. 1999 S.8789 Rn.48.

103 EuGH Rs. C-112/02 – Kohlpharma, Slg. 2004 S.3369 Rn.21.

– Hat der Parallelimporteur keinen Zugang zu allen erforderlichen Informationen, kann aber Angaben vorlegen, die es plausibel erscheinen lassen, dass die beiden Arzneimittel sich in Bezug auf die Beurteilung ihrer Sicherheit und Wirksamkeit nicht erheblich unterscheiden, so haben die zuständigen Behörden ihre Entscheidung über die mögliche Erstreckung der für das erste Arzneimittel erteilten Zulassung auf das zweite Arzneimittel auf der Grundlage von möglichst vollständigen Informationen zu treffen, einschließlich derjenigen, über die sie verfügen oder die sie im Rahmen einer Zusammenarbeit mit den Gesundheitsbehörden der anderen Mitgliedstaaten erhalten konnten.[104]

Erlischt aber die ursprüngliche Zulassung im Einfuhrstaat, handelt es sich bei dem importierten Arzneimittel per definitionem um keinen Parallelimport mehr.[105] Daher stellt sich die Frage, ob damit zeitgleich auch die Zulassung des Parallelimporteurs erlischt. Der EuGH hat für diese Konstellation in seiner Grundsatzentscheidung „Paranova / Läkemedelsverket" festgestellt, dass Art.34 und 36 AEUV (EX-Art.28 und 30 EG) zumindest einer nationalen Regelung entgegenstünden, nach der schon der auf Antrag ihres Inhabers erfolgte Widerruf einer Bezugszulassung den Widerruf der Genehmigung für den Parallelimport des betreffenden Arzneimittels impliziere. Diese Bestimmungen stünden aber Beschränkungen des Parallelimports des betreffenden Arzneimittels dann nicht entgegen, wenn wegen des Fortbestands dieses Arzneimittels auf dem Markt des Einfuhrmitgliedstaats tatsächlich eine Gefahr für die menschliche Gesundheit bestünde.[106]

Beruht also das Erlöschen der Zulassung auf der freiwilligen Aufgabe des Zulassungsinhabers, kann die im vereinfachten Verfahren erteilte Zulassung für das ehemals parallelimportierte Arzneimittel solange fortbestehen, bis sie selbst nach § 31 Abs.1 Nr.3 AMG erlischt. Eine Verlängerung scheitert an den Anforderungen des § 31 Abs.2 AMG.[107]

IV. Der Begriff des Parallelvertriebs

Auch zentral zugelassene Arzneimittel können Ziel des Parallelhandels sein. Wie bereits dargestellt, wirkt sich jedoch die zentrale Zulassung per

---

104 EuGH Rs. C-112/02 – Kohlpharma, Slg. 2004 S.3369 Rn.20.

105 *Wagner*, PharmR 2001, S.174 (176).

106 EuGH Rs. C-15/01 – Paranova/Läkemedelsverket, Slg. 2003 S.I-4175 Rn.33.

107 *Wagner*, PharmR 2001, S.174 (176).

definitionem auf alle Mitgliedstaaten der EU aus, mithin ist das vom Händler parallel eingeführte Arzneimittel immer mit dem vom Hersteller im Einfuhrstaat vertriebenen Arzneimittel im Herstellungsverfahren und der quantitativen und qualitativen Zusammensetzung identisch.

In dieser Situation, die sich aufgrund möglicher Unterschiede zwischen der vom Ausfuhrstaat und der vom Einfuhrstaat erteilten Zulassung stark vom Parallelhandel einzelstaatlich zugelassener Arzneimittel unterscheidet, kann selbst eine vereinfachte Zulassung für den Parallelhändler bei zentral zugelassenen Arzneimitteln daher nicht erforderlich sein. Der Parallelhändler darf also gemäß gemeinschaftlichem Arzneimittelrecht ohne selbst Zulassungsinhaber zu sein das Arzneimittel auf den Markt bringen und parallel vertreiben. Er hat jedoch die Aufnahme des Parallelvertriebs der EMA anzuzeigen. Dieses so genannte Notifizierungsverfahren soll unter Teil 3 A. noch genauer erörtert werden.

Er kann das Arzneimittel auch dann vertreiben, wenn der Inhaber der Genehmigung für das Inverkehrbringen das entsprechende Erzeugnis aus dem einen oder anderen Grund noch nicht auf einen bestimmten nationalen Markt gebracht hat.[108] Anders als beim Parallelimport darf er das Arzneimittel aber auch dann nicht mehr vertreiben, wenn der Zulassungsinhaber die Zulassung freiwillig aufgegeben hat. Denn er selbst besitzt keine eigene Zulassung, die erst nach § 31 Abs.1 Nr.3 AMG erlöschen könnte.

Diese Unterschiede machen es notwendig, den Parallelhandel von national zugelassenen und von zentral zugelassenen Arzneimitteln sprachlich voneinander abzugrenzen. Für den Handel ersterer bleibt es bei den Begriffen des Parallelimports (engl. parallel importation) und des Parallelimporteurs, da nach gängigem Verständnis der Import die Einfuhr von Sachgütern aus fremden Wirtschaftsgebieten in das inländische Wirtschaftsgebiet bedeutet. Unter Parallelimport bei Arzneimitteln versteht man daher nach gelt-ender Sprachregelung den Import solcher im Ausland hergestellter und dort zugelassener Arzneimittel, die auch im Inland hergestellt oder vom Hersteller selbst ins Inland eingeführt werden und dort aufgrund einer nationalen Zulassung verkehrsfähig sind.[109]

---

108 Mitteilung der Kommission vom 30.12.2003 über Paralleleinfuhren von Arzneispezialitäten, deren Inverkehrbringen bereits genehmigt ist, KOM (2003) 839 endg., S.10.

109 *Heinemann*, PharmR 2001, S.180 (180); *Deutsch/Spickhoff*, Medizinrecht, Rn.1276.

Für den Handel mit zentral zugelassenen Arzneimitteln wählte die Kommission in ihrer Mitteilung über die gemeinschaftlichen Zulassungsverfahren für Arzneimittel aus dem Jahr 1998 die Bezeichnung des Parallelvertriebs (engl. parallel distribution). Der Parallelhändler wird als Parallelgroßhändler bezeichnet.[110] Dass diese Bezeichnungen beibehalten werden sollen, zeigt die Verwendung des Begriffs in der VO 726/04, die in Art.57 Abs.1 lit.o) vom *„Parallelvertrieb von gemäß dieser Verordnung genehmigten Arzneimitteln"* spricht. Auch die EMA spricht in ihren Arbeitsprogrammen ausschließlich vom Parallelvertrieb. So führt sie in ihrem Arbeitsprogramm 2009 aus:

> „Parallel distribution is the distribution of a centrally authorised medicinal product from one EU-EEA Member State to another by a pharmaceutical company independently of the marketing-authorisation holder."[111]

Grafisch lässt sich die sprachliche Abgrenzung wie folgt darstellen:

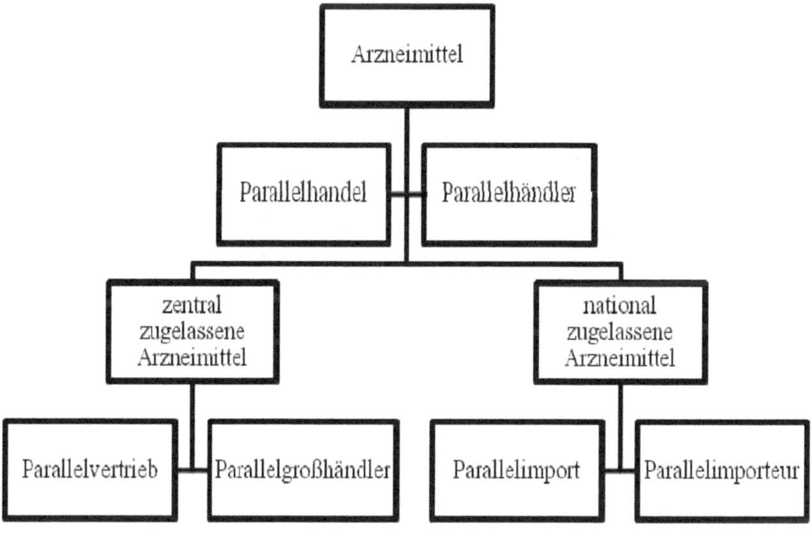

---

110 Mitteilung der Kommission über das gemeinschaftliche Zulassungsverfahren für Arzneimittel, Amtsblatt vom 22.07.1998, Nr. C 229 , S.4 (8).

111 EMA, Work programme 2009 (EMEA/87375/2009), (abrufbar unter: http://www.ema.europa.eu/docs/en_GB/document_library/Work_programme/2010/01/WC500046572.pdf)

B. Markenrechtliche Grundlagen

Die Marke ist eine der tragenden Säulen im europäischen System der gewerblichen Schutzrechte.[112] In einer international verflochtenen Wirtschaft mit ihrem immer größer und immer differenzierter werdenden Angebot von standardisierten Produkten und ihrer Tendenz zur Rationalisierung der Verkaufsformen im Einzelhandel ist sie mehr denn je zu einem unentbehrlichen Instrument der Warenverteilung und Absatzförderung geworden.[113]

Die Marke verleiht dem Produkt Identität und Profil. Sie gibt dem Verbraucher Auskunft über seine Herkunft und macht es für ihn wiedererkennbar. Sie bietet ihm damit Orientierung und Transparenz über das Warenangebot und erleichtert somit seine Kaufentscheidung. Für den Hersteller wiederum ist die Marke das Mittel zu einer langfristigen Sicherung des Absatzes.[114] In seinem Schlussantrag zur HAG II - Entscheidung bezeichnete sie Generalanwalt Jacobs als *"nothing more nor less than the fundament of most market-place competition"* (nicht mehr und nicht weniger als die Grundlage des größten Teils des Wettbewerbs auf dem Markt).[115]

I. Funktionen der Marke

Dem Markeninhaber steht ein subjektives Ausschließlichkeitsrecht an der Marke zu. Der Schutzbereich der Marke gewährt ihm unternehmerische Freiräume der wirtschaftlichen Betätigung auf dem Markt, er kann jedem Dritten den Eingriff in sein Markenrecht verbieten.[116] Seine aus den Kennzeichen fließenden Rechte sind primär deliktsrechtlich ausgestaltet, insbesondere durch Ansprüche gegen den Verletzer auf Unterlassung, Schadenersatz, Auskunft und Vernichtung (§§ 14 ff. MarkenG).[117]

---

112 *Fezer,* in: FS Gaedertz, S.153 (155); *von Schultz,* in: von Schultz, Markenrecht, A. II., Rn.1.

113 *Beier/Krieger,* GRUR Int. 1976, S.125 (125); *Güldenberg,* GRUR 1999, S.843 (843).

114 *Güldenberg,* GRUR 1999, S.843 (843); *Ulferts-Römmermann,* Das Markenrecht als Instrument und Reflex des Wettbewerbs, S.7.

115 Schlussanträge des Generalanwalts Francis Geoffrey Jacobs vom 13. März 1990 Rs. C-10/89, Slg.1990 S.I-3711 Rn.17. Er zitierte dabei aus W. R. Cornish, Intellectual Property: Patents, Copyright, Trade Marks and Allied Rights, 2. Auflage 1989, S.393.

116 *Fezer,* Markenrecht, Einl. C, Rn.8; *Ingerl/Rohnke,* Markenrecht, Einl., Rn.1.

117 *Ingerl/Rohnke,* Markenrecht, Einl., Rn.2.

Weder die Erste Markenrechtsrichtlinie (MRRL)[118] noch die Gemeinschaftsmarkenverordnung (GMVO)[119] enthalten eine genaue Definition der Marke. Art.2 MRRL enthält jedoch einen beispielhaften Katalog der schutzfähigen Markenformen. Danach können Marken alle Zeichen sein, die sich graphisch darstellen lassen, insbesondere Wörter einschließlich Personennamen, Abbildungen, Buchstaben, Zahlen und die Form oder Aufmachung der Ware, soweit solche Zeichen geeignet sind, Waren oder Dienstleistungen eines Unternehmens von denjenigen anderer Unternehmen zu unterscheiden.

Mit der Anerkennung all dieser Kennzeichenformen ist allerdings noch nichts über deren Schutz ausgesagt.[120] Um die Reichweite des Markenschutzes zu bestimmen, wird zumeist auf die Funktionen der Marke abgestellt. Diese dienen als Auslegungshilfe der markenrechtlichen Vorschriften und verleihen dem Phänomen der Marke die für die Rechtsanwendung notwendigen Konturen.[121]

1. *Herkunftsfunktion*

Nach der traditionellen Lehre wird unter der Funktion der Marke nicht die der Marke zukommende wirtschaftliche Marktfunktion verstanden, sondern die ihr von den Normen einer bestimmten Rechtsordnung beigelegte rechtlich geschützte Funktion,[122] d.h. die Marke wird nicht in allen ihren wirtschaftlichen Funktionen rechtlich geschützt.[123] Allein die Herkunftsfunktion der Marke genießt selbstständigen Schutz.[124] Sie dient ihrem Inhaber dazu, auf die Herkunft der Waren aus seinem Unterneh-

---

118 Erste Richtlinie 89/104/EWG des Rates vom 21. Dezember 1988 zur Angleichung der Rechtsvorschriften der Mitgliedstaaten über die Marken, Amtsblatt Nr. L 40 vom 11.02.1989 S.1, inhaltlich geändert durch die Richtlinie 2008/95/EG des Europäischen Parlaments und des Rates vom 22. 10. 2008 zur Angleichung der Rechtsvorschriften der Mitgliedstaaten über die Marken, Amtsblatt Nr. L 299 vom 08.11.2008 S.25.

119 Verordnung (EG) Nr. 40/94 des Rates vom 20. 12.1993 über die Gemeinschaftsmarke, Amtsblatt Nr. L 011 vom 14.01.1994 S.1.

120 *Pfeiffer/Rein*, JuS 2006, S.584 (585).

121 *Douglas*, Die markenrechtliche Erschöpfung, Rn.58.

122 *Vanzetti*, GRUR Ausl. 1965, S.128 (128); *Sack*, GRUR 1972, S.402 (404); *Beier*, Markenrechtliche Abhandlungen, S.227.

123 *Beier/Krieger*, GRUR Int. 1976, S.125 (126).

124 RGZ 161, 29 (37) – Zählerersatzteile; BGH, GRUR Ausl. 1964, S.202 (204) – Maja; BGH, GRUR Int. 1973, S.562 (564) – Cinzano; *Beier*, Markenrechtliche Abhandlungen, S.228; *Sack*, GRUR 1972, S.445 (453).

men hinzuweisen und verbürgt dem Abnehmer, dass die Ware stets aus dem gleichen Unternehmen, nämlich dem des Markeninhabers stammt.[125]

Mit der Harmonisierung des Markenrechts durch die MRRL und die GMVO hielten jedoch neue Markenrechtsprinzipien Einzug. Wie aus den Erwägungsgründen[126] wortgleich hervorgeht, ist es nunmehr *„insbesondere“* der Zweck des durch die eingetragene Marke gewährten Schutzes, die Herkunftsfunktion der Marke zu gewährleisten. Dies lässt Raum für weitere geschützte Funktionen. So kann sich der Markeninhaber gegen die Erschöpfung seiner Rechte wehren, wenn sich der Zustand der Waren nach ihrem Inverkehrbringen verändert oder verschlechtert[127] bzw. gegen den Lizenznehmer, wenn die Qualität gegen eine Bestimmung des Lizenzvertrags verstößt.[128] Zudem hat er das ausschließliche Recht, die Marke in der Werbung zu nutzen.[129]

Daraus ergibt sich, dass die Herkunftsfunktion zwar weiterhin wesentlich ist, jedoch durch weitere Markenfunktionen, wie insbesondere die Qualitäts- und Werbefunktion ergänzt wird.[130] Die Marke verfügt damit nun über eine rechtliche Multifunktionalität.[131]

2. *Qualitätsfunktion*

In der grundlegenden Entscheidung des EuGH in der Rechtssache „HAG II“[132] stellte dieser nicht nur auf die Funktion der Marke als Herkunftszeichen ab, sondern auch auf deren Qualitätsfunktion. Die Unternehmen müssten in der Lage sein, die Kundschaft durch die Qualität ihrer Erzeugnisse oder ihrer Dienstleistungen an sich zu binden. Damit das Warenzeichen diese Aufgabe erfüllen könne, müsse es die Gewähr bieten, dass alle Erzeugnisse, die mit ihm versehen seien, unter der Kon-

---

125 GRUR Ausl. 1964, S.202 (204) – Maja BGH, GRUR 1971, S.573 (574) – Nocado; *Beier*, Markenrechtliche Abhandlungen, S.228; *Sack*, GRUR 1972, S.402 (405).

126 Siehe Erwägungsgrund 10 der MRRL und Erwägungsgrund 7 der GMVO.

127 Art.7 Abs.2 MRRL und Art.13 Abs.2 GMVO.

128 Art.8 Abs.2 MRRL und Art.22 Abs.2 GMVO.

129 Art.5 Abs.3 lit.d) MRRL und Art.9 Abs.2 lit.d) GMVO.

130 *Fezer*, Markenrecht, Einl. D., Rn.7; *Klaka*, in: FS Traub, S.188; *Harte-Bavendamm/Scheller*, WRP 1994, S.571 (576); *Plassmann*, WRP 1999, S.1011 (1014); Vgl. auch die Begründung des deutschen Gesetzgebers zum Markengesetz, BT-Drucksache 12/6581, S.82.

131 *Fezer*, WRP 2000, S.1 (3).

132 EuGH Rs. C-10/89 – HAG II, Slg. 1990 S.I-3711.

trolle eines einzigen Unternehmens hergestellt worden seien, das für ihre Qualität verantwortlich gemacht werden könne.[133]

Die Qualitätsfunktion ist für den Verbraucher von besonderer Bedeutung, denn sie ermöglicht ihm, auf gemachte Erfahrungen bei früheren Einkäufen zurückzugreifen.[134] Aus der Gewähr der stets gleichen Produktionsstätte der Ware folgert er eine mindestens gleichbleibend gute Qualität der markierten Produkte oder Dienstleistungen.[135] Für den Markeninhaber wiederum ist die Qualitätsfunktion von Bedeutung, da die Produktqualität ein wesentlicher Faktor für den Ruf seiner Marke sein kann.[136]

3. *Werbefunktion*

Durch Art.5 Abs.3 lit.d) MRRL und Art.9 Abs.2 lit.d) GMVO wird der Werbewert der Marke aktiv in den Markenschutz einbezogen und genießt selbstständigen Schutz. Damit wird dem Umstand Rechnung getragen, dass durch die Marke die Aufmerksamkeit des Konsumenten erregt und er durch den Wiedererkennungseffekt ständig an sie erinnert wird, so dass sie zum Imageträger und Symbol des Unternehmens wird.[137]

Geschützt ist also der Goodwill, d.h. der wirtschaftliche Wert der Marke.[138] Kausal für diese Tendenz ist das ständig zunehmende Güterangebot und die dadurch bedingte verfeinerte Produktdifferenzierung, die wiederum zu nur geringen Unterschieden zwischen den gattungsgleichen Produkten verschiedener Hersteller führt und den Qualitätsvergleich für die Verbraucher erheblich erschwert.[139]

---

133 EuGH Rs. C-10/89 – HAG II, Slg. 1990 S.I-3711 Rn.13.

134 *Brink*, Markenhandel, S.62.

135 *Sambuc*, WRP 2000, S.985 (986); *Schweer*, Die erste Markenrechts-Richtlinie, S.33.

136 *Sack*, GRUR 1972, 445 (449).

137 *Freytag*, Parallelimporte, S 26; *Sambuc*, WRP 2000, S.985 (986).

138 *Brink*, Markenhandel, S.75; *Freytag*, Parallelimporte, S 26.

139 *Brink*, Markenhandel, S.64.

II. *Integration der nationalen Markenrechte in den europäischen Binnenmarkt*

Die Wirtschaftsintegration innerhalb der Europäischen Gemeinschaft beinhaltet primär die Herstellung binnenmarktähnlicher Verhältnisse.[140] Die Waren sollen frei und ungehindert im Gemeinsamen Markt zirkulieren können.

Diese Zielsetzung steht jedoch in einem Spannungsverhältnis zu den nationalen Markenrechtsordnungen der Mitgliedstaaten. Das nationale Markenrecht verleiht dem Markeninhaber ein territorial begrenztes Monopol, durch das er grundsätzlich das Recht hat, die Einfuhr von identisch gekennzeichneten Waren aus einem anderen Mitgliedstaat zu verhindern.[141] Dies kann zur Marktabgrenzung und Marktabschottung führen und damit dem Ziel des einheitlichen Marktes entgegenwirken.[142]

Die Lösung dieses Spannungsverhältnisses unterliegt keiner ausdrücklichen Regelung. Es gibt jedoch eine ungeschriebene Regel des Primärrechts, wonach im Kollisionsfall das Gemeinschaftsrecht Vorrang genießt.[143] Dabei obliegt es dem EuGH, das Gemeinschaftsrecht auszulegen und die Befolgung des Vertrages durch die Mitgliedstaaten zu sichern.[144]

1. *Grundsatz des freien Warenverkehrs, Art.34 AEUV (Ex-Art.28 EG)*

Nach Art.34 AEUV (Ex-Art.28 EG) sind mengenmäßige Einfuhrbeschränkungen sowie alle Maßnahmen gleicher Wirkung zwischen den Mitgliedstaaten verboten. Mengenmäßige Einfuhrbeschränkungen sind zunächst Kontingentierungen der Wareneinfuhr, also Regelungen, nach denen der Import nur in einem bestimmten Umfang erlaubt ist. Auch der gänzliche Ausschluss der Wareneinfuhr, d.h. ein umfassendes Einfuhrverbot, ist als mengenmäßige Beschränkung zu sehen.[145]

Entscheidende Bedeutung für die Umschreibung des Begriffs der „Maßnahmen gleicher Wirkung" hat zunächst die Dassonville-Entscheidung des EuGH aus dem Jahr 1974. Hier definierte der EuGH den Begriff als

---

140 *Beier*, GRURInt 1976,S.363 (365); *Reich*, NJW 1984, S.2000 (2000).

141 Vgl. *von Borries*, in: Schwarze, Unverfälschter Wettbewerb, S.39 (40).

142 *von Borries*, in: Schwarze, Unverfälschter Wettbewerb, S.39 (44).

143 EuGH Rs. 6/46 - Costa/ENEL, Slg. 1964 S.1251 (1269).

144 *Douglas*, Die markenrechtliche Erschöpfung, Rn.30; *Beier*, GRURInt 1976, S.363 (366).

145 *Becker*, in: Schwarze, EU-Kommentar, Art.28 EG, Rn.33.

„jede Handelsregelung der Mitgliedstaaten, die geeignet ist, den innergemeinschaftlichen Handel unmittelbar oder mittelbar, tatsächlich oder potentiell zu behindern“[146]. Diese so genannte Dassonville - Formel ist inzwischen gefestigter Bestandteil der Rechtsprechung und umfasst durch den Begriff der mittelbaren oder potentiellen Behinderung nahezu jede nationale Maßnahme rechtlicher oder tatsächlicher Natur. Der Begriff der Maßnahme gleicher Wirkung wurde in der Entscheidung des EuGH in der Rechtssache „Cassis de Dijon“[147] abschließend definiert. Danach sind Hemmnisse für den Binnenhandel der Gemeinschaft, die sich aus den Unterschieden nationaler Regelungen ergeben, nur zulässig, wenn sie „zwingenden Erfordernissen“ des öffentlichen Interesses entsprechen.[148]

Die Weite des Begriffs der Maßnahme gleicher Wirkung führte dazu, dass in den achtziger Jahren der EuGH mehr und mehr mit Vorlagefragen nationaler Gerichte überhäuft wurde, die sämtliche Aspekte staatlicher Regulierung des Einzelhandels auf den Prüfstand des Gemeinschaftsrechts stellten. Dies bewog den EuGH 1993 in der Keck - Entscheidung[149] dazu, die Dassonville - Formel einzuschränken. Entgegen der bisherigen Rechtsprechung sollen fortan die nationalen Bestimmungen aus dem sachlichen Anwendungsbereich des Art.34 AEUV (Ex-Art.28 EG) herausgenommen werden, die ein Verbot oder die Beschränkung bestimmter Verkaufsmodalitäten beinhalten und auf den Absatz von inländischen und aus anderen Mitgliedstaaten eingeführten Erzeugnissen in rechtlicher wie in tatsächlicher Weise gleichermaßen angewendet werden.[150]

2. *Ausnahmen des Art.36 AEUV (Ex-Art.30 EG)*

Von den in Art.34 AEUV (Ex-Art.28 EG) niedergelegten Verboten enthält Art.36 AEUV (Ex-Art.30 EG) verschiedene Ausnahmen. Er ermöglicht so einen Ausgleich zwischen den in der Norm genannten Rechtsgütern und der Freiheit des Warenverkehrs.[151] Aus dem Verständnis des Art.36 AEUV (Ex-Art.30 EG) als einer Ausnahme von der Grundregel, alle Hindernisse für den freien Warenverkehr zwischen den Mitgliedstaaten zu

---

146 EuGH Rs. 8/74 – Dassonville, Slg. 1974 S.837 Rn.5.

147 EuGH Rs. 120/28 – Cassis de Dijon, Slg. 1979 S.694.

148 EuGH Rs. 120/28 – Cassis de Dijon, Slg. 1979 S.694 Rn.8.

149 EuGH Rs. C 267/91 – Keck, Slg. 1993 S.6097.

150 EuGH Rs. C 267/91 – Keck, Slg. 1993 S.6097 Rn.16.

151 *Becker*, in: Schwarze, EU-Kommentar, Art.30 EG, Rn.1; *Hayn*, Grundfreiheiten, S.48.

beseitigen, folgt die vom EuGH aus einer vorgeblich allgemeinen Regel der Rechtsanwendung von Ausnahmen abgeleitete Grundregel, wonach die Vorschrift des Art.36 AEUV (Ex-Art.30 EG) eng auszulegen ist.[152]

Aus dem Wortlaut des Art.36 AEUV (Ex-Art.30 EG) ergibt sich, dass er auch dem Schutz des gewerblichen und kommerziellen Eigentums dient, wozu nach Auffassung des EuGH alle gewerblichen Schutzrechte sowie das Urheberrecht zählen. [153] Eine Ausnahme von der Ausnahme des Art.36 AEUV (Ex-Art.30 EG) und damit eine absolute Grenze des Schutzes bildet Art.36 S.2 AEUV (Ex-Art.30 S.2 EG). Danach dürfen Verbote oder Beschränkungen weder ein Mittel zur willkürlichen Diskriminierung noch eine verschleierte Beschränkung des Handels zwischen den Mitgliedstaaten darstellen. Um solche unzulässigen von gerechtfertigten Einfuhrbeschränkungen nach Art.36 AEUV (Ex-Art.30 EG) abgrenzen zu können, stellte der EuGH zunächst auf die Lehre von Bestand und Ausübung eines Markenrechts ab, die in der Consten/Grundig - Entscheidung[154] ihren Ursprung hatte.

a) Lehre von Bestand und Ausübung

Im vorliegenden Fall vertrieb die Firma Consten Grundig-Produkte in Frankreich. Um Consten einen absoluten Gebietsschutz zu sichern, ermächtigte Grundig als Markenrechtsinhaberin Consten dazu, die Marke des entsprechenden Produkts auf ihren eigenen Namen in Frankreich eintragen zu lassen.[155] Als Grundig die Ausschließlichkeitsverträge bei der Kommission anmeldete, stellte diese jedoch einen Verstoß gegen Art.101 Abs.1 AEUV (Ex-Art.81 Abs.1 EG) fest und versagte zugleich eine Freistellung nach Art.101 Abs.3 AEUV (Ex-Art.81 Abs.3 EG). Gegen diese Entscheidung erhoben Grundig und Consten Klage vor dem EuGH. Insbesondere führten sie aus, die Entscheidung der Kommission verletzte sie in ihren Eigentumsrechten, denn nach Art.345 AEUV (Ex-

---

152 EuGH Rs. 46/76 – Bauhuis, Slg. 1977 S.5 Rn.15; EuGH Rs. 113/80 – Ursprungsangabe von Souvenirs, Slg. 1980 S.1625 Rn.7; *Müller-Graff*, in: von der Groeben/Schwarze, Kommentar zum EU-/EG-Vertrag, Art.30 EG, Rn.23.

153 EuGH Rs. 78/70 – Deutsche Grammophon, Slg. 1971 S.487 Rn.11; EuGH Rs. 192/73 – HAG I, Slg. 1974 S.731 Rn.7/10; EuGH Rs. 15/74 – Centrafarm/Sterling Drug, Slg. 1974 S.1174 Rn.6; EuGH Rs. 16/74 – Centrafarm/Winthrop, Slg. 1974 S.1183 Rn.4/7.

154 EuGH verb.Rs. 56 u. 58/64 – Consten/Grundig, Slg. 1966 S.321 ff.

155 EuGH verb.Rs. 56 u. 58/64 – Consten/Grundig, Slg. 1966 S.321 (393).

Art.295 EG) lasse der EG-Vertrag die Eigentumsordnung in den verschiedenen Mitgliedstaaten unberührt.[156]

In seiner Entscheidung bestätigte der EuGH die Ansicht der Kommission. Zwar müsse der Bestand des Markenrechts der Mitgliedstaaten unberührt bleiben, dies gelte jedoch nicht für deren Ausübung. Mit den Grundgedanken der Wettbewerbsordnung und mit ihrem Sinn sei es unvereinbar, dass die sich aus dem Markenrecht der verschiedenen Staaten ergebenden Ansprüche zu Zwecken missbraucht würden, die dem Kartellrecht der Gemeinschaft zuwiderliefen.[157]

Neben der Tatsache, dass die Überprüfung des EuGH immer dann versagen musste, wenn die Geltendmachung der Ausschließlichkeitsrechte nicht die zum Tatbestand des Art.101 AEUV (Ex-Art.81 EG) gehörenden Merkmale der Vereinbarung oder Abstimmung erfüllte,[158] erwies sich die Lehre von Bestand und Ausübung beim Konflikt zwischen Warenverkehrsfreiheit und nationalem Markenrecht als Leerformel, die nur wenig zur Lösung beitragen konnte.[159] Da der konkrete Bestand eines Markenrechts sich gerade auch in den von ihm gewährten Ausübungsrechten manifestiert, würde der Bestand eines Markenrechts wertlos, wenn der Rechtsinhaber nicht die Möglichkeit hätte, dieses Recht auch auszuüben und durchzusetzen.[160]

b) *Lehre von dem spezifischen Gegenstand*

In der Entscheidung der Rechtssache „Deutsche Grammophon"[161] erwähnte der EuGH noch die Lehre von Ausübung und Bestand, stellte jedoch bei der Prüfung auf die Funktion der Schutzrechte ab und erlaubte nur solche Verbote oder Beschränkungen der Freiheit des Handels, soweit sie zur Wahrung der Rechte berechtigt seien, die den spezifischen Gegenstand des gewerblichen und kommerziellen Eigentums ausmach-

---

156 EuGH verb.Rs. 56 u. 58/64 – Consten/Grundig, Slg. 1966 S.321 (393).

157 EuGH verb.Rs. 56 u. 58/64 – Consten/Grundig, Slg. 1966 S.321 (394).

158 Der EuGH lockerte 1971 in der Rechtssache „Deutsche Grammophon" seine Ansicht. Sofern die Merkmale des Art.81 EG nicht erfüllt seien, erfordere die Beantwortung der Frage die weitere Prüfung, ob die Ausübung des fraglichen Schutzrechts nicht gegen andere Vertragsvorschriften, insbesondere diejenigen über den freien Warenverkehr, verstoße, EuGH Rs. 78/70 – Deutsche Grammophon, Slg. 1971 S.487 Rn.7.

159 *Heinemann*, in: Baudenbacher, Wirtschaftsrecht, S.67 (87).

160 *Hayn*, Grundfreiheiten, S.60.

161 EuGH Rs. 78/70 – Deutsche Grammophon, Slg. 1971 S.487.

ten.[162] Seit der Ideal-Standard-Entscheidung[163] 1993 wendet der EuGH die Unterscheidung zwischen Bestand und Ausübung gar nicht mehr an.[164]

Dem Konzept des spezifischen Gegenstandes liegt der Gedanke zu Grunde, dass für jedes Immaterialgüterrecht eine Reihe von Kernbefugnissen aufgezählt werden können, die dem Inhaber dieses Rechts nicht nur nach nationalem Recht zugestanden werden, sondern deren Ausübung auch von den Vorschriften des Vertrages nicht angetastet werden darf.[165] Im Bereich des Markenrechts lässt sich der spezifische Gegenstand des kommerziellen Eigentums namentlich dahin kennzeichnen, dass der Inhaber durch das ausschließliche Recht, ein Erzeugnis in den Verkehr zu bringen und dabei die Marke zu benutzen, Schutz vor Konkurrenten erlangt, die unter Missbrauch der aufgrund der Marke erworbenen Stellung und Kreditwürdigkeit widerrechtlich mit dieser Marke versehene Erzeugnisse veräußern.[166]

Diese Definition trifft jedoch noch keine Aussage darüber, wann das ausschließliche Recht des Markeninhabers verletzt ist. Vielmehr zeigen die weiteren Entscheidungen des EuGH, dass die Bestimmung der Reichweite des Schutzes nur mittels einer umfänglichen Interessenabwägung im jeweiligen Einzelfall erfolgen kann.

In diesem Zusammenhang griff der EuGH zunächst auf die Herkunftsgarantie als Hauptfunktion des Schutzrechts zurück.[167] Die, wie schon unter A. I. dargelegt, mittlerweile vertretene Ansicht der rechtlichen Multifunktionalität der Marke bietet jedoch nunmehr Raum für weitere geschützte Kernbefugnisse, wie insbesondere der Qualitäts- und Werbefunktion. In seinen Urteilen geht der EuGH deshalb auch davon aus, dass der spezifische Gegenstand *insbesondere* durch die Hauptfunktion bestimmt werde.[168]

---

162 EuGH Rs. 78/70 – Deutsche Grammophon, Slg. 1971 S.487 Rn.11.

163 EuGH Rs. C-9/93 – Ideal-Standard, Slg. 1994 S.2789.

164 EuGH Rs. C-9/93 – Ideal-Standard, Slg. 1994 S.2789 Rn.33, vgl. hierzu auch *Iglesias*, in: Schwarze, Unverfälschter Wettbewerb, S.20.

165 *Douglas*, Die markenrechtliche Erschöpfung, Rn.45.

166 EuGH Rs. 16/74 – Centrafarm/Winthrop, Slg. 1974 S.1183 Rn.8.

167 EuGH Rs. C-3/78 – Centrafarm/American Home Products, Slg. 1978 S.1832 Rn.11/14.

168 Vgl. nur EuGH Rs. C10/89 – HAG II, Slg. 1990 S.I-3711 Rn.13.

3. *Das europäische Markenrecht*

a) *Erste Markenrechtsrichtlinie*

Durch die im Dezember 1988 erlassene Erste Markenrechtsrichtlinie (MRRL)[169] erschöpft sich die Aufgabe des EuGH nicht mehr allein in der Überprüfung der nationalen Schutzrechte anhand der Warenverkehrsfreiheit.

Soweit in den nationalen Rechtsordnungen nach Umsetzung der MRRL gemeinschaftsrechtliche Begriffe Eingang finden, obliegt es dem EuGH, solche Gemeinschaftsrechtsbegriffe letztinstanzlich auszulegen sowie die Entwicklung von Beurteilungskriterien durch die nationalen Gerichte auf ihre Vereinbarkeit mit den verbindlichen Vorgaben der Markenrechtsrichtlinie zu überprüfen.[170]

Die vorherige Rechtsprechung zur Warenverkehrsfreiheit bindet diese Auslegung zwar nicht unmittelbar, jedoch muss sie im Lichte der Vertragsbestimmungen über den freien Warenverkehr erfolgen und darf diesen nicht zuwiderlaufen.[171] Damit beschreibt die bisherige Rechtsprechung den maximalen Markenschutz, der noch mit dem Grundsatz der Warenverkehrsfreiheit vereinbar ist. Im Ergebnis kann also der durch die MRRL gewährte Markenschutz hinter dem nach Art.34, 36 AEUV (Ex-Art.28, 30 EG) maximal zulässigen Schutz zurückbleiben, nicht jedoch darüber hinausgehen. [172]

b) *Die Gemeinschaftsmarke*

Neben der Angleichung der nationalen Markenrechte schlug die Kommission Ende der 80er Jahre ein supranational unmittelbar geltendes Markenrecht, eine Ratsverordnung für eine Gemeinschaftsmarke, vor.[173]

---

169 Erste Richtlinie 89/104/EWG des Rates vom 21.12.1988 zur Angleichung der Rechtsvorschriften der Mitgliedstaaten über die Marken, Amtsblatt Nr. L 40 vom 11.02.1989, S.1.

170 *Fezer*, WRP 1998, S.1 (5); *Iglesias*, in: Schwarze, Unverfälschter Wettbewerb, S.20.

171 EuGH Rs. C-47/90 – Delhaize et Le Lion, Slg. 1992 S.I-3669 Rn.26; EuGH Rs. C-315/92 – Clinique, Slg. 1994 S.I-317 Rn.12.

172 *Sack*, WRP 1998, S.549 (550); *Schweer*, Die erste Markenrechts-Richtlinie, S.29.

173 Vorschlag einer Verordnung des Rates über die Gemeinschaftsmarke KOM (80) 635endg., Amtsblatt Nr. C 351 vom 31.12.1980, S.5.

Mit der daraus resultierenden Gemeinschaftsmarkenverordnung[174] (GMVO) schuf der europäische Gesetzgeber die Möglichkeit, durch ein einziges Verfahren einen im gesamten Gebiet der Gemeinschaft einheitlichen Markenschutz zu erlangen. Nach Art.1 Abs.2 GMVO kann die Gemeinschaftsmarke nur für das gesamte Gebiet eingetragen oder übertragen werden oder Gegenstand eines Verzichts oder einer Entscheidung über den Verfall der Rechte des Inhabers oder die Nichtigkeit sein, und ihre Benutzung kann nur für die gesamte Gemeinschaft untersagt werden.

Die Gemeinschaftsmarke und die nationale Marke stehen sich gleichwertig gegenüber. Es herrscht ein System der Koexistenz.[175] Dieser Grundsatzentscheidung des Europäischen Gesetzgebers liegen neben politischen[176] auch praktische Erwägungen zugrunde: Trotz Zusammenwachsens der europäischen Wirtschaft gibt es immer noch viele Unter-Unternehmen, die ihre Waren und Dienstleistungen nur regional oder maximal national vertreiben und deshalb ihre Marken auch nur in ihrem Heimatland registrieren. Ein sich auf das gesamte Gemeinschaftsgebiet erstreckender Markenschutz wäre für diese Unternehmer folglich viel zu umfangreich und würde sich nicht mit ihrem tatsächlichen Schutzbedürfnis decken. Es macht daher keinen Sinn, sie in das europäische System zu zwingen, welches dadurch zudem unnötig überlastet würde.[177]

Auch wenn die nationalen Markenrechtsordnungen und die Gemeinschaftsmarkenverordnung parallel nebeneinander bestehen, hat die Auslegung der GMVO dennoch mittelbare Auswirkungen auf das Verständnis des nationalen Markenschutzes, da sich die Vorgaben der MRRL nach deren Umsetzung nicht nur mit den nationalen Markenrechtsordnungen decken, sondern auch weitgehend mit der GMVO übereinstimmen.[178]

---

174 VO (EG) Nr.40/94 des Rates vom 20.12.1993 über die Gemeinschaftsmarke, Amtsblatt Nr. L 11 vom 14.01.1994, S.1.

175 *von Mühlendahl*, in: Hilf/Oehler, Der Schutz des geistigen Eigentums in Europa, S.76.

176 *Beier*, EuR 1982, 30 (40).

177 *Beier*, GRUR Int. 1976, 363 (368); *Prandzioch*, Funktion und Bedeutung der Gemeinschaftsmarke, S.53.

178 *Fezer*, WRP 1998, S.1 (3).

III. *Der Erschöpfungsgrundsatz*

1. *Entstehung*

Dem Markeninhaber steht ein subjektives Ausschließlichkeitsrecht an der Marke zu. Er soll selbst entscheiden können, in welchem Umfang das geschützte Zeichen genutzt werden darf. Hat er die Ware jedoch einmal veräußert, kann es nicht die Aufgabe des Schutzrechts sein, ihm unter Berufung auf sein Ausschließlichkeitsrecht die Kontrolle des Vertriebsweges zu ermöglichen, da ansonsten die Interessen des Verkehrs am freien Handel unerträglich belastet würden.

Um diesem Interessenkonflikt wirksam entgegenzutreten, entwickelte das deutsche Reichsgericht bereits vor über einem Jahrhundert den nunmehr auch durch die MRRL und GMVO normierten und damit in allen EU-Mitgliedstaaten anerkannten Erschöpfungsgrundsatz.

Expressis verbis fand sich der Ausdruck von der Erschöpfung der Wirkung des Zeichenrechts zum ersten Mal in der 1902 ergangenen Kölnisch-Wasser–Entscheidung[179] des Reichsgerichts. Dieses befand, dass es vom Belieben des Eingetragenen abhänge, ob und inwieweit er von seinen Rechten Gebrauch mache. Sei aber eine Ware objektiv rechtmäßig in Verkehr gesetzt, so erschöpfe sich damit die Wirkung des Zeichens. Es gewähre dem Zeicheninhaber weder ein Verkaufsmonopol bezüglich der durch das Zeichen geschützten Waren noch einen besonderen Schutz in Ansehung derjenigen Verträge, welche er bezüglich des weiteren Vertriebs der von ihm mit dem Zeichen versehenen und so in Verkehr gesetzten Waren mit seinen Abnehmern abschließe.[180]

Die eigentliche dogmatische Begründung dafür, warum das Zeichenrecht nur das erstmalige Inverkehrbringen des Berechtigten schütze, lieferte das Reichsgericht erst in der Mariani-Entscheidung[181]. Es orientierte sich dabei an der für das Patentrecht entwickelten Kohlerschen Lehre vom Zusammenhang der Benutzungsformen, wonach die Verbreitung und Benutzung des patentierten Gegenstands die weitere wirtschaftliche Entwicklung der in der Herstellung liegenden Patentausübung sei. Soweit die Sache im Inland berechtigtermaßen hergestellt sei, könne sie im Inland auch frei vertrieben und gebraucht werden.[182] Aller-

---

179 RGZ 50, S.229 ff. – Kölnisch Wasser.

180 RGZ 50, S.229 (231) – Kölnisch Wasser.

181 RGZ 51, S.263 ff. – Mariani.

182 *Kohler*, Handbuch des deutschen Patentrechts, S.454.

dings entwickelte das Reichsgericht die Lehre Kohlers insofern weiter, als sie nicht auf die Rechtmäßigkeit der Herstellung, sondern auf diejenige des ersten Inverkehrbringens abstellte. Die verschiedenen Benutzungsformen eines Zeichenrechts stünden jedenfalls insoweit in einem inneren Zusammenhang, als sich auch die weitere Verbreitung einer mit dem Zeichen objektiv rechtmäßig versehenen und erstmals so in Verkehr gesetzten Ware als Fortsetzung und weitere wirtschaftliche Entwicklung der in dem Versehen mit dem Zeichen und deren erster Inverkehrsetzung liegenden Ausübung des Zeichenrechts darstelle. Allein schon dadurch sei die Weiterverbreitung der Ware durch den Dritterwerber zeichenrechtlich gedeckt.[183]

Die Erschöpfung begründet daher kein uneingeschränktes Benutzungsrecht, sondern umschreibt nur bildhaft, dass der Kennzeicheninhaber den Weitervertrieb der unveränderten Originalprodukte einem Dritten nicht untersagen kann.[184] Sie tritt als eine gesetzliche Folge ein, die nicht durch einen Vertrag ausgeschlossen oder beschränkt werden kann.[185] Systematisch handelt es sich dabei um eine Einwendung, deren tatsächliche Voraussetzungen vom Benutzer einer fremden Marke darzulegen und zu beweisen sind. Denn er beruft sich, wenn er Erschöpfung geltend macht, auf einen Ausnahmetatbestand, der sein an sich verbotenes Verhalten ausnahmsweise rechtfertigt.[186]

2. *Tatbestand des § 24 MarkenG*

Das deutsche MarkenG regelt den Erschöpfungsgrundsatz in § 24 MarkenG. Diese Vorschrift setzt Art.7 der MRRL in deutsches Recht um und ist deshalb gemeinschaftskonform auszulegen.[187]

a) *Inverkehrbringen36*

Nach § 24 Abs.1 MarkenG hat der Inhaber einer geschützten Marke nicht das Recht, einem Dritten zu untersagen, die Marke oder die geschäftliche Bezeichnung für Waren zu benutzen, die unter dieser Marke oder dieser geschäftlichen Bezeichnung von ihm oder mit seiner Zustimmung im

---

183 RGZ 51, S.263 (265) – Mariani.

184 BGHZ 60, 185 (190) – Cinzano; *Fezer*, Markenrecht, § 24 MarkenG, Rn.7b

185 *Fezer*, Markenrecht, § 24 MarkenG, Rn.9.

186 EuGH Rs. C-244/00 – van Doren, Slg. 2003 S.I-3051 Rn.42; *Klados*, WRP 1999, S.1018 (1019).

187 *Sack*, WRP 1999, S.1088 (1091).

Inland, in einem der übrigen Mitgliedstaaten der Europäischen Union oder in einem anderen Vertragsstaat des Abkommens über den Europäischen Wirtschaftsraum in den Verkehr gebracht worden sind.

Der Begriff des Inverkehrbringens setzt voraus, dass der Inhaber die rechtliche und tatsächliche Verfügungsgewalt über die Ware in der EU willentlich verloren hat und sich die Ware im freien Handelsverkehr befindet.[188] Anders als im Urheberrecht[189] ist eine Eigentumsübergabe nicht zwingend notwendig.[190] Jedoch ist es erforderlich, dass die Originalware von einem unabhängigen Händler, einem sonstigen unabhängigen Unternehmen oder dem Endabnehmer auf dem Markt erworben wird. Eine Erschöpfung liegt dann nicht vor, wenn sich die Ware noch im unternehmensinternen Geschäftsverkehr, innerhalb des Geschäftsverkehrs zwischen konzernverbundenen Unternehmen oder innerhalb des Geschäftsverkehrs der Vertragspartner eines Vertriebsbindungssystems befindet.[191] Ein Inverkehrbringen liegt also nur bei Veräußerung oder Überlassung an unabhängige Dritte vor.[192] Dies ist streng von einem Inverkehrbringen im Sinne des Kollisionsrechts nach § 14 Abs.3 Nr.2 Alt.2 MarkenG zu unterscheiden.[193]

b) Ausnahme des § 24 Abs.2 MarkenG

Der Geltendmachung der Erschöpfung durch einen Dritten, kann der Inhaber § 24 Abs.2 MarkenG entgegenhalten. Danach kann sich der Inhaber der Marke der Erschöpfung widersetzen, soweit *berechtigte Gründe* vorliegen, insbesondere wenn der Zustand der Waren nach ihrem Inverkehrbringen verändert oder verschlechtert ist. Diese generalklauselartig formulierte Ausnahme[194] erlaubt es, bei Bestimmung der Reichweite des Erschöpfungsgrundsatzes die erforderliche Flexibilität zu wahren und den besonderen Umständen des Einzelfalls Rechnung zu tragen.[195] Dieser Replik des Schutzrechtsinhabers kann der Dritte aber als Duplik entgegenhalten, dass die berechtigten Gründe im Lichte der

---

188 *Ströbele/Hacker*, MarkenG, § 24 MarkenG, Rn.20.

189 EuGH Rs. C-256/06 – Peek & Cloppenburg/Cassina, Slg. 2008 S.I-2731 Rn.43; BGH, NJW 2009, S.2960 ff. – Le Corbusier-Möbel II.

190 *Ingerl/Rohnke*, Markenrecht, § 24 Rn.19.

191 *Fezer*, Markenrecht, § 24 MarkenG, Rn.7d.

192 *Ströbele/Hacker*, MarkenG, § 24 MarkenG, Rn.21; *Freytag*, Parallelimporte, S.47.

193 *Fezer*, Markenrecht, § 24 MarkenG, Rn.7d.

194 BT-Drucksache 12/6581, S.81.

195 *Fezer*, Markenrecht, § 24 MarkenG, Rn.35.

Warenverkehrsfreiheit ausgelegt werden müssen[196] und daher eine Berufung darauf dann nicht erhoben werden darf, wenn es sich dabei um eine verschleierte Handelsbeschränkung zwischen den Mitgliedstaaten handelt, Art.36 S.2 AEUV (Ex-Art.30 S.2 EG).

3. *Sachliche Reichweite*

Nach dem Wortlaut des § 24 MarkenG erfasst der Erschöpfungsgrundsatz alle Markenrechte und damit unstreitig auch das markenrechtliche Verbreitungsrecht, d. h. das Recht des Markeninhabers, die geschützte Ware im geschäftlichen Verkehr zu veräußern, zu vermieten, zu verleasen oder zu verleihen.[197]

Daneben betrifft die Erschöpfungswirkung auch das Ankündigungs- bzw. Werbehinweisrecht, also das Recht, in der Werbung auf die gekennzeichneten Produkte hinzuweisen und dabei wiederum die Marke zu verwenden.[198]

Als drittes wesentliches Ausschließlichkeitsrecht unterliegt seit Einführung der MRRL zudem das Kennzeichnungsrecht der Erschöpfungswirkung. Danach könnte der Erwerber grundsätzlich die geschützte Marke ändern bzw. die betreffende Ware mit ihr neu kennzeichnen.[199] Dies war vor der MRRL unter Berufung darauf, dass die vom Warenzeichen ausgehende Gewähr für die Herkunft der Ware aus seinem Geschäftsbetrieb und die damit verbürgte gleichbleibende Beschaffenheit und Güte der Ware keine Grundlage mehr finde, noch fast einhellig abgelehnt worden.[200]

4. *Territoriale Reichweite*

Im deutschen Markenrecht galt lange der Grundsatz der internationalen Erschöpfung. Rechtserschöpfung trat ein mit dem ersten Inverkehrbringen der zeichenrechtlich geschützten Ware durch den

---

[196] Vgl. 3 a).

[197] *Sack*, WRP 1999, S.1088 (1094)

[198] BGH, GRUR 1987, S.707 (708) – Ankündigungsrecht I.; *Bottenschein*, WRP 2004, S.435 (436).

[199] EuGH verb. Rs. C-427,429,436/93 – Bristol-Myers Squibb, Slg. 1996 S.I-3457 Rn.37; *Sack*, WRP 1998, S.549 (568).

[200] RGZ 103, 359, (363 ff) – Singer; RGZ 161, 29 (37 ff) – Zählerersatzteile; BGH, GRUR 1982, S.115 (117) – Öffnungshinweis; EuGH Rs. 102/77 – Hoffmann-LaRoche/Centrafarm, Slg. 1978 S.1139 Rn.7; *Sack*, WRP 1998, S.549 (567).

Rechteinhaber selbst oder mit seiner Zustimmung im Inland, europäischen und außereuropäischen Ausland. Diese Ansicht begründete das Reichsgericht ursprünglich damit, dass im internationalen deutschen Markenrecht das Universalitätsprinzip gelte, wonach eine deutsche Marke nicht nur in Deutschland, sondern überall auf der Welt Schutzwirkungen entfalte.[201] Habe ein Zeicheninhaber in verschiedenen Staaten übereinstimmende Zeichen, so folge aus dem Rechtsgrundsatz der Einheit und Universalität des in verschiedenen Staaten anerkannten subjektiven nationalen Zeichenrechts, dass das objektiv rechtmäßige Kennzeichnen und Inverkehrbringen von Waren bei ihrem Weitervertrieb in einen anderen Staat den Dritten zustatten komme.[202]

Auch nachdem die Rechtsprechung das Universalitätsprinzip durch das Territorialitätsprinzip ersetzt hatte[203], hielt sie am Grundsatz der weltweiten "Erschöpfung" fest. Dies rechtfertigte der BGH in der Maja-Entscheidung[204] mit der Herkunftsfunktion des Zeichens. Das Warenzeichen sei nichts anderes als ein Hinweis auf die betriebliche Herkunft und Qualität der Ware.[205] Es bestehe daher keine Gefahr einer Herkunftstäuschung, wenn eine Ware vom Markeninhaber, mit seiner Zustimmung oder von einem mit ihm konzernverbundenen Unternehmen im Ausland in den Verkehr gebracht worden sei.[206]

Mit Einführung der MRRL erfuhr die Frage nach der Reichweite der Erschöpfung durch Art.7 Abs.1 MRRL eine ausdrückliche Regelung. Danach kann der Markeninhaber einem Dritten verbieten, die Marke für Waren zu benutzen, die unter dieser Marke von ihm oder mit seiner Zustimmung in der Gemeinschaft in den Verkehr gebracht worden sind. Die Erschöpfung sollte demnach gemeinschaftsweit eintreten. Dennoch sahen Teile der Literatur darin keine endgültige Abkehr von der internationalen Erschöpfung. Die in Art.7 Abs.1 MRRL festgelegte Einschränkung der nationalen Markenrechte nach einem Inverkehrbringen in einem Mitgliedstaat habe danach insoweit nur den Charakter einer Min-

---

201 RGZ 51, 263 (267 f.) – Mariani.

202 RGZ 51, 263 (267) – Mariani.

203 RGZ 118, 76 (81) – Hengstenberg.

204 BGHZ 41, 84 (94) – Maja.

205 BGHZ 41, 84 (93) – Maja.

206 BGHZ 60, 185, (190) – Cinzano.

destregelung; sie schließe die Erschöpfung des Rechts durch ein Inverkehrbringen in weiteren Auslandsstaaten nicht aus.[207]

In der Silhouette-Entscheidung[208] stellte der EuGH klar, dass Art.7 Abs.1 MRRL als abschließende Regelung zu verstehen sei. Die Richtlinie könne nicht dahin verstanden werden, dass sie den Mitgliedstaaten die Möglichkeit beließe, in ihrem innerstaatlichen Recht die Erschöpfung der Rechte aus der Marke für in dritten Ländern in den Verkehr gebrachte Waren vorzusehen.[209] Könnten einige Mitgliedstaaten eine internationale Erschöpfung, andere hingegen nur eine gemeinschaftsweite Erschöpfung vorsehen, würden sich nämlich unvermeidlich Behinderungen des freien Waren- und Dienstleistungsverkehrs ergeben.[210]

Unabhängig von den verbleibenden Fragen kann daher jedenfalls nach deutschem und europäischem Recht als gesichert gelten, dass die markenrechtliche Erschöpfung nur bei einem Inverkehrbringen der gekennzeichneten Originalware durch den Markeninhaber selbst oder mit seiner Zustimmung im Gebiet der EU oder in einem anderen Vertragsstaat des Abkommens über den Europäischen Wirtschaftsraum eintritt.[211]

---

207 *von Gamm,* WRP 1993, S.793 (795); für eine weltweite Erschöpfung siehe ebenfalls *Mailänder,* in: FS Gaedertz, S.389; *Ebenroth,* Gewerblicher Rechtsschutz und europäische Warenverkehrsfreiheit, S.29; *Sosnitza,* WRP 1998, S.951 (953); *Rohnke,* WRP 1999, S.889 (890).

208 EuGH Rs. C-355/96 – Silhouette, Slg. 1998 S.I-4799 ff.

209 EuGH Rs. C-355/96 – Silhouette, Slg. 1998 S.I-4799 Rn.26.

210 EuGH Rs. C-355/96 – Silhouette, Slg. 1998 S.I-4799 Rn.27.

211 BT-Drucksache 12/6581, S.81; *Freytag,* Parallelimporte, S.166; *Fezer,* Markenrecht, § 24 MarkenG, Rn.16c; *Litten,* WRP 1997, S.678(679); *Rohnke,* WRP 1999, S.889 (889).

Kapitel 2 – Markenrechtliche Probleme

A. Umpacken von Arzneimitteln – Ausnahmen vom Erschöpfungsgrundsatz

I. Problem der Produktmodifikation

Mit Inverkehrbringen einer Ware unter einer bestimmten Marke durch den Markeninhaber selbst oder mit seiner Zustimmung hat dieser, wie bereits unter Kapitel 1 B. III. 3. dargestellt, sein Verbietungsrecht im gesamten Bereich der EU erschöpft. Er kann sich demnach nicht dagegen wehren, wenn ein Dritter seine Ware weitervertreibt und sei es, wie im Fall des Parallelhandels, in einem anderen Land als dem, in dem der Markeninhaber es ursprünglich in den Verkehr brachte.

Bei der Einfuhr von Arzneimitteln besteht jedoch das Problem, dass diese nur dann verkehrsfähig sind, wenn sie den arzneimittelrechtlichen Vorschriften des Einfuhrlandes genügen und sich an die dortigen Marktgegebenheiten anpassen.[212] So sind beispielsweise für das Arzneimittel Aspirin in Deutschland die Packungsgrößen zu 50 und 100 Tabletten üblich, in Griechenland dagegen solche zu 20 Tabletten.[213] Entspricht es also in Deutschland der Gewohnheit der Ärzte, nur Aspirinpackungen zu 50 oder 100 Tabletten zu verschreiben, wird der Parallelhändler für seine eingeführten 20er Packungen keinen Abnehmer finden. Zudem müssen unter anderem die Etikettierung und die Packungsbeilage in der Sprache des Empfängerlandes erfolgen[214], so dass die griechische Aspirinpackung auch unter diesem Gesichtspunkt nicht ohne weiteres in Deutschland vertrieben werden kann.

Diese Vorgaben zwingen den Parallelhändler zu einer Reihe von Eingriffen in die Integrität der Verpackung, die sich allesamt unter den Oberbegriff des „Umpackens" fassen lassen. Die wichtigsten sind die Neuetikettierung der Verpackung, das so genannte „Re-Labelling"[215], das Zusammenfassen von mehreren Originalpackungen zu einer so genann-

---

212 *Reich*, NJW 1984, S.2000 (2002); *Ulmar*, WRP 2007, S.920 (920).

213 BGH, GRUR 2008, S.156 (157) – Aspirin II.

214 Art.63 Abs.1, 2 der RL 2001/83/EG.

215 EuGH Rs. C-348/04 – Boehringer/Swingward II, Slg. 2007, S.I-3391, Rn.28, Es entschied dabei entgegen den Schlussanträgen der Generalanwältin Sharpston, Slg. 2007, S.I-3391, Rn.42.

ten "Bündelpackung" sowie das Verpacken in eine gänzlich neue, eigene Packung, dem so genannten „Re-Boxing", auf die der Parallelhändler dann die Originalmarke wieder anbringt.[216]

Obwohl der Parallelhändler mit diesen Modifikationen nicht die nach dem Wortlaut des § 24 Abs.2 MarkenG geschützte Ware, also das Arzneimittel als solches verändert, sondern allein die Verpackung, ist allgemein anerkannt, dass Produkt und Verpackung eine kennzeichenrechtliche Einheit bilden.[217] Damit stellt sich die Frage, ob der Markeninhaber nicht dem Einwand des Parallelhändlers, sein Kennzeichnungsrecht habe sich durch das Inverkehrbringen erschöpft, nach § 24 Abs.2 MarkenG die Veränderungen an der Verpackung als berechtigte Gründe entgegenhalten kann.

Wäre dies zutreffend, so wäre ein Parallelhändler zwar arzneimittelrechtlich zu einer Veränderung der Packung verpflichtet, bzw. die Marktgegebenheiten würden dies erforderlich machen; er dürfte diese Veränderungen aber aus markenrechtlichen Gründen nicht vornehmen. Der Markeninhaber kann somit faktisch, indem er sich auf berechtigte Gründe nach § 24 Abs.2 MarkenG beruft, den gesamten freien Warenverkehr seiner Arzneimittel innerhalb der EU unterbinden. Dies steht jedoch im Widerspruch zur Rechtsprechung des EuGH, nach der nur solche Verbote oder Beschränkungen der Freiheit des Handels erlaubt sind, soweit sie zur Wahrung der Rechte berechtigt seien, die den spezifischen Gegenstand des gewerblichen und kommerziellen Eigentums ausmachen.[218]

Die Frage nach einer Lösung dieses Spannungsverhältnisses zwischen Markenrecht und Warenverkehrsfreiheit beschäftigte den EuGH bereits 1978 im Rahmen der Hoffmann-La Roche–Entscheidung[219] und damit vor Umsetzung der MRRL. Wie bereits erörtert[220], war zu diesem Zeitpunkt das Kennzeichnungsrecht noch nicht von der Erschöpfungswirkung erfasst, so dass es zunächst nicht um die Frage ging, ob der Markeninhaber den Erschöpfungseinwand des Parallelhändlers aus berechtigten Gründen zurückweisen könnte. Stattdessen stellte sich der

---

216 *Römhild*, MarkenR 2002, S.105 (105); *Wolpert*, WRP 2008, S.453 (454).

217 *Beier*, GRUR Int. 1978, S.263 (265); *Fezer*, Markenrecht, § 24 MarkenG, Rn.40.

218 EuGH Rs. 78/70 – Deutsche Grammophon, Slg.1971, S.487 Rn.11.

219 EuGH Rs. 102/77 – Hoffmann-LaRoche/Centrafarm, Slg. 1978 S.1139; bestätigt durch EuGH Rs. 1/81 – Pfizer/Eurim Pharm, Slg. 1981 S.2913.

220 Vgl. Kapitel 1 B. III. 3.

EuGH die Frage, welche Gefahren die Ausübung des Kennzeichnungsrechts durch den Markeninhaber für den freien Warenverkehr mit sich bringe.

Diese Rechtsprechung wurde im Jahr 1996, also nach Einführung der MRRL, durch die drei Grundsatzurteile Bristol-Myers-Squibb[221], Eurim Pharm[222] und MPA Pharma[223] weiterentwickelt und präzisiert.

II. Die Kriterien des EuGH

1. EuGH - Hoffmann-La Roche/Centrafram

Die Firma Hoffmann-La Roche vertrieb in Deutschland das Arzneimittel Valium. Ihre britische Tochterfirma vertrieb es zudem in Großbritannien, allerdings in anderen Packungsgrößen und zu erheblich niedrigeren als den in Deutschland berechneten Preisen. Die Firma Centrafarm kaufte in Großbritannien das Arzneimittel auf und füllte es in neue, für Deutschland angepasste Verpackungen, die mit der Marke Valium und dem Hinweis versehen wurden, dass das Erzeugnis durch Centrafarm in den Verkehr gebracht worden sei. Hoffmann-La Roche sah darin eine Verletzung ihres Markenrechts, Centrafarm berief sich auf die Warenverkehrsfreiheit.

In seiner Entscheidung führte der EuGH aus, gemäß Art.34 AEUV (Ex-Art.28 EG) seien mengenmäßige Einfuhrbeschränkungen sowie alle Maßnahmen gleicher Wirkung zwischen den Mitgliedstaaten verboten. Nach der Ausnahmeregelung des Art.36 S.1 AEUV (Ex-Art.30 S.1 EG) gelte dies jedoch nicht, soweit die Beschränkungen zum Schutz des gewerblichen und kommerziellen Eigentums gerechtfertigt seien, mithin der spezifische Gegenstand des Markenrechts betroffen sei.[224]

Für die Beantwortung der Frage, ob der spezifische Gegenstand die Befugnis umfasse, sich der Anbringung der Marke durch einen Drittem nach Umpacken des Erzeugnisses zu widersetzen, sei die Herkunftsgarantie als Hauptfunktion der Marke zu berücksichtigen. Die Herkunftsgarantie schließe ein, dass der Verbraucher oder Endabnehmer sicher sein dürfe, dass an einem ihm angebotenen gekennzeichneten Erzeugnis nicht auf einer früheren Vermarktungsstufe durch einen Dritten ohne

221 EuGH verb. Rs. C-427,429,436/93 – Bristol-Myers Squibb, Slg. 1996 S.I-3457.

222 EuGH verb. Rs. C-71,72,73/94 – Eurim Pharm, Slg. 1996 S.I-3603.

223 EuGH Rs. C-232/94 – MPA Pharma, Slg. 1996 S.I-3671.

224 EuGH Rs. 102/77 – Hoffmann-La Roche/Centrafarm, Slg. 1978 S.1139 Rn.6.

Zustimmung des Markenrechtsinhabers ein Eingriff vorgenommen wurde, der den Originalzustand der Marke berührt habe.[225] Es sei daher nach Art.36 S.1 AEUV (Ex-Art.30 S.1 EG) gerechtfertigt, dem Markenrechtsinhaber das Recht einzuräumen, sich gegen das Anbringen der Marke auf der neuen Umhüllung der Ware zu wehren.[226]

Zu prüfen sei jedoch, ob die Ausübung des Rechts nicht eine verschleierte Beschränkung des Handels zwischen den Mitgliedstaaten im Sinne des Art.36 S.2 AEUV (Ex-Art.30 S.2 EG) darstelle. Eine derartige Beschränkung könne sich unter anderem daraus ergeben, dass der Markenrechtsinhaber das gleiche Erzeugnis in verschiedenen Mitgliedstaaten in unterschiedlicher Verpackung auf den Markt gebracht habe und sich dabei auf sein Markenrecht berufe, um das Umpacken durch einen Dritten zu verhindern, selbst wenn dieses unter solchen Bedingungen vorgenommen werde, dass die Ursprungsidentität der gekennzeichneten Ware und deren Originalzustand dadurch nicht beeinträchtigt werde.[227] Ein Fall des Art.36 S.2 AEUV (Ex-Art.30 S.2 EG) sei mithin dann anzunehmen, wenn vier Kriterien kumulativ erfüllt seien.

a) Künstliche Marktabschottung

Die Berufung des Markenrechtsinhabers auf sein Markenrecht trage unter Berücksichtigung des von ihm angewandten Vermarktungssystems zur künstlichen Abschottung der Märkte zwischen den Mitgliedstaaten bei.[228]

b) Nichtbeeinträchtigung des Originalzustandes

Es sei dargetan, dass das Umverpacken den Originalzustand der Ware nicht beeinträchtige.[229]

c) Unterrichtung des Markeninhabers

Der Markenrechtsinhaber müsse von dem Feilhalten des umgepackten Erzeugnisses unterrichtet worden sein.[230]

---

225 EuGH Rs. 102/77 – Hoffmann-La Roche/Centrafarm, Slg. 1978 S.1139 Rn.7.

226 EuGH Rs. 102/77 – Hoffmann-La Roche/Centrafarm, Slg. 1978 S.1139 Rn.8.

227 EuGH Rs. 102/77 – Hoffmann-La Roche/Centrafarm, Slg. 1978 S.1139 Rn.9.

228 EuGH Rs. 102/77 – Hoffmann-La Roche/Centrafarm, Slg. 1978 S.1139 Rn.10.

229 EuGH Rs. 102/77 – Hoffmann-La Roche/Centrafarm, Slg. 1978 S.1139 Rn.11.

230 EuGH Rs. 102/77 – Hoffmann-La Roche/Centrafarm, Slg. 1978 S.1139 Rn.12.

d) *Angaben zum umpackenden Unternehmen*

Um den Verbraucher vor Irreführung zu schützen, müsse zudem auf der neuen Packung angegeben sein, von wem das Erzeugnis umgepackt worden sei.[231]

2. *EuGH - Bristol-Myers Squibb; Eurim Pharm; MPA Pharma*

In den am 11.07.1996 ergangenen drei Grundsatzentscheidungen „Bristol-Myers-Squibb“[232], „Eurim Pharm“[233] und „MPA Pharma“[234] befasste sich der EuGH erstmals nach Erlass der MRRL mit der Umpackproblematik. Hier war zunächst unklar, inwieweit seine bisherige Rechtsprechung zum Umverpacken von Arzneimitteln aufrechterhalten werden konnte. Im Blickpunkt stand die Frage, ob das Kennzeichnungsrecht trotz des Wortlauts in Art.7 Abs.1 MRRL, nach dem sich jedes Recht der Benutzung der Marke erschöpfen könne, weiterhin nicht vom Erschöpfungsgrundsatz erfasst wäre. Wäre dies der Fall gewesen, hätte es zur Konsequenz, dass Art.7 Abs.1 MRRL dem Parallelimporteur nur das Recht zum Weitervertrieb der Waren in der Form verliehen hätte, in der sie vom Markeninhaber in einem anderen Mitgliedstaat in den Verkehr gebracht worden waren. Denn nach ständiger Rechtsprechung des EuGH galt, dass mit der Schaffung einer harmonisierten Regelung durch eine Richtlinie auf Gemeinschaftsebene alle nationalen Maßnahmen in diesem Bereich anhand dieser Richtlinie und nicht anhand der Art.34, 36 AEUV (Ex-Art.28, 30 EG) zu beurteilen seien.[235] Somit hätte der Markeninhaber das Anbringen der Marke auf umgepackten Waren auch dann verbieten können, wenn keiner der in Art.7 Abs.2 MRRL bezeichneten Ausnahmefälle vorgelegen hätte.[236]

Dieser Ansicht folgte unter anderem auch die Deutsche Bundesregierung in ihrem Gesetzentwurf zum Markenrechtsreformgesetz. Ob die Neukennzeichnung nun schon tatbestandlich keinen Erschöpfungstatbestand darstelle oder aber generell ein berechtigter Grund im Sinne des § 24

---

231 EuGH Rs. 102/77 – Hoffmann-La Roche/Centrafarm, Slg. 1978 S.1139 Rn.12.

232 EuGH verb. Rs. C-427,429,436/93 – Bristol-Myers Squibb, Slg. 1996 S.I-3457.

233 EuGH verb. Rs. C-71,72,73/94 – Eurim Pharm, Slg. 1996 S.I-3603.

234 EuGH Rs. C-232/94 – MPA Pharma, Slg. 1996 S.I-3671.

235 EuGH Rs. 5/77 – Tedeschi, Slg. 1977 S.1555 Rn.35; EuGH Rs 227/82 – Van Bennekom, Slg. 1983, S.3883, Rn.35; EuGH Rs. C-37/92 – Vanacker und Lesage, Slg. 1993, S.I-4947, Rn. 9.

236 EuGH verb. Rs. C-427,429,436/93 – Bristol-Myers Squibb, Slg.1996 S.I-3457 Rn.32.

Abs.2 MarkenG gegeben sei, sei unerheblich, jedenfalls jedoch sei sie nicht von der Erschöpfung erfasst. Damit sei der bisherigen Rechtsprechung des EuGH, die für das noch nicht harmonisierte Recht entwickelt worden sei, der Boden entzogen und für eine unveränderte Fortführung der Rechtsprechung zum Umverpacken von Markenwaren (insbesondere von Arzneimitteln) bestünde daher keine rechtliche Grundlage mehr.[237]

In der einzigen zur Auslegung von Art.7 Abs.1 MRRL ergangenen Entscheidung „Bristol-Myers-Squibb"[238] erteilte der EuGH dieser Ansicht eine Absage und führte aus, Art.7 Abs.1 MRRL dürfe nicht dahingehend verstanden werden, dass die Erschöpfung nicht für solche Fälle gelte, bei denen der Importeur die Ware umgepackt und die Marke wieder darauf angebracht habe. Denn dies habe eine erhebliche Änderung der sich aus den Art.34, 36 AEUV (Ex-Art.28. 30 EG) ergebenden Grundsätze zur Folge. Eine solche Folge sei aber unzulässig, da eine Richtlinie, außer im Rahmen dessen, was der Vertrag zulasse, keine Behinderungen des innergemeinschaftlichen Handels rechtfertigen könne. Insoweit berechtige nichts zu der Annahme, dass diese Rechtsprechung durch Art.7 MRRL in ihrer Tragweite eingeschränkt werden solle.[239] Die Richtlinie sowie die darauf beruhenden nationalen Vorschriften müssten vielmehr im Lichte der Vertragsbestimmungen über den freien Warenverkehr, insbesondere des Art.36 AEUV (Ex-Art.30 EG) ausgelegt werden.[240]

Daher sei bei der Frage, ob sich der Markeninhaber gemäß Art.7 Abs.2 MRRL dem Vertrieb von umverpackten Waren widersetzen könne, auf die Rechtsprechung des Gerichtshofes zu Art.36 AEUV (Ex-Art.30 EG) zurückzugreifen. Die in der Hoffmann-La Roche/Centrafarm–Entscheidung dargelegten vier Kriterien hätten demnach weiter Bestand, müssten allerdings präzisiert und um ein fünftes Kriterium erweitert werden.[241]

---

237 BT-Drucksache 12/6581, S.81.

238 Die beiden anderen Entscheidungen waren aufgrund der verspäteten Umsetzung der MRRL in das deutsche Recht noch zu Art.34, 36 AEUV (Ex-Art.28, 30 EG) ergangen.

239 EuGH verb. Rs. C-427,429,436/93 – Bristol-Myers Squibb, Slg. 1996 S.I-3457 Rn.2.

240 EuGH verb. Rs. C-427,429,436/93 – Bristol-Myers Squibb, Slg. 1996 S.I-3457 Rn.27.

241 EuGH verb. Rs. C-427,429,436/93 – Bristol-Myers Squibb, Slg. 1996 S.I-3457 Rn.51.

a) *Präzisierung der künstlichen Marktabschottung*

Der EuGH stellte klar, es müsse darauf ankommen, dass das Umpacken erforderlich sei, um die Ware im Einfuhrmitgliedstaat vertreiben zu können.[242] Dies sei z.B. dann der Fall, wenn der Markeninhaber in einem Mitgliedstaat Packungen der Größe verwende, die im Einfuhrmitgliedstaat nicht vertrieben werden könnten, insbesondere weil dort nur Packungen einer bestimmten Größe zulässig seien oder eine entsprechende nationale Praxis bestehe, weil Krankenversicherungsvorschriften die Erstattung der Krankheitskosten von den Packungsgrößen abhängig machten oder weil feste ärztliche Verschreibungsgewohnheiten bestünden, die u. a. auf durch Berufsverbände und Krankenversicherungsträger empfohlenen Normgrößen beruhten.

Demgegenüber fehle es an der Erforderlichkeit, wenn es dem Importeur möglich sei, eine im Einfuhrmitgliedstaat vertriebsfähige Packung zu schaffen, indem er z.B. auf der äußeren oder inneren Originalverpackung neue Etiketten in der Sprache des Einfuhrmitgliedstaats anbringe und neue Beipack- oder Informationszettel in der Sprache des Einfuhrmitgliedstaats beilege.[243]

Zudem bedeute der Begriff der „künstlichen Marktabschottung" nicht, dass der Importeur dem Markeninhaber eine bewusste Abschottungsabsicht nachweisen müsse. Mit der „künstlichen" Abschottung der Märkte seien vielmehr nur die Berufungen des Inhabers auf sein Markenrecht zu verstehen, die nicht durch die Notwendigkeit, die Hauptfunktion der Marke zu wahren, gerechtfertigt seien.[244]

b) *Präzisierung der Nichtbeeinträchtigung des Originalzustandes*

Weiterhin präzisierte der EuGH, dass sich der Originalzustand auf den Zustand der Ware beziehen müsse, die in der Packung enthalten sei. Für die Annahme einer Beeinträchtigung reiche es nicht aus, dass Blisterstreifen, Flaschen, Ampullen oder Inhalatoren aus ihrer äußeren Originalverpackung herausgenommen und in eine neue äußere Verpa-

---

242 EuGH verb. Rs. C-427,429,436/93 – Bristol-Myers Squibb, Slg. 1996 S.I-3457 Rn.56.

243 EuGH verb. Rs. C-427,429,436/93 – Bristol-Myers Squibb, Slg. 1996 S.I-3457 Rn.55.

244 EuGH verb. Rs. C-427,429,436/93 – Bristol-Myers Squibb, Slg. 1996 S.I-3457 Rn.57.

ckung umgepackt würden.[245] Denkbar sei allerdings eine mittelbare Beeinträchtigung, wenn z.B. der Beipackzettel wichtige Angaben nicht enthalte.[246]

c) *Präzisierung der Unterrichtung des Markeninhabers*

Zudem könne der Markeninhaber neben der Unterrichtung fortan auch verlangen, ein Muster der neuen Verpackung zugesendet zu bekommen, um die Nichtbeeinträchtigung der Ware zu überprüfen.[247]

d) *Präzisierung der Angaben zum Umverpackenden und Herstellers der Ware*

Es sei weiterhin nicht zu verlangen, dass auf der Verpackung ausdrücklich angegeben werde, das Umpacken der Ware sei ohne Zustimmung des Markeninhabers erfolgt. Eine solche Angabe könnte nämlich dahin aufgefasst werden, die umgepackte Ware sei nicht völlig ordnungsgemäß.[248]

Zum Hinweis auf den Umverpackenden müsse aber auch angegeben werden, von wem die Ware hergestellt worden sei, denn der Hersteller könne ein Interesse daran haben, dass der Verbraucher oder Endabnehmer nicht zu der Annahme veranlasst werde, der Importeur sei Inhaber der Marke und die Ware sei unter seiner Kontrolle hergestellt worden.[249] Werde zudem ein zusätzlicher Artikel, der nicht vom Markeninhaber stamme, in die Verpackung eingelegt, so habe der Parallelimporteur dafür zu sorgen, dass nicht der Eindruck erweckt werde, der Markeninhaber sei dafür verantwortlich. [250]

e) *Keine rufschädigende Aufmachung*

Als neues Kriterium führte der EuGH ein, dass das umgepackte Arzneimittel durch seine Aufmachung nicht den Ruf der Marke und ihres Inhabers schädigen dürfe. Dies sei beispielsweise dann der Fall, wenn die

---

[245] EuGH verb. Rs. C-427,429,436/93 – Bristol-Myers Squibb, Slg. 1996 S.I-3457 Rn.61.

[246] EuGH Rs. C-232/94 – MPA Pharma, Slg. 1996 S.I-3671 Rn.37.

[247] EuGH verb. Rs. C-427,429,436/93 – Bristol-Myers Squibb, Slg. 1996 S.I-3457 Rn.78.

[248] EuGH verb. Rs. C-71,72,73/94 – Eurim Pharm, Slg. 1996 S.I-3603 Rn.63.

[249] EuGH verb. Rs. C-71,72,73/94 – Eurim Pharm, Slg. 1996 S.I-3603 Rn.64.

[250] EuGH verb. Rs. C-427,429,436/93 – Bristol-Myers Squibb, Slg. 1996 S.I-3457 Rn.73.

Verpackung von schlechter Qualität oder unordentlich sei. Bei Arzneimitteln handele es sich um einen sensiblen Bereich, in dem die Öffentlichkeit besonderen Wert auf die Qualität und die einwandfreie Beschaffenheit der Ware lege.[251]

Nach Auffassung des EuGH müssten diese nunmehr fünf Kriterien, wie auch in der Hoffmann-La Roche/Centrafarm–Entscheidung, kumulativ erfüllt sein, damit sich der Markeninhaber nicht auf berechtigte Gründe nach Art.7 Abs.2 MRRL berufen könne.

3. *Zusammenfassung*

Obwohl sich bereits vor Erlass der MRRL mit dem Inverkehrbringen einer Ware unter einer bestimmten Marke das Verbietungsrecht des Markeninhabers in der gesamten EU erschöpfte, also ein Parallelimport nicht verhindert werden konnte, war die praktische Relevanz dieses Grundsatzes für den Parallelhandel mit Arzneimitteln äußerst gering.[252]

Nahm der Parallelimporteur eine Veränderung an der Packung des Arzneimittels vor, so konnte sich der Markenrechtsinhaber grundsätzlich auf sein Markenrecht berufen, da das Kennzeichnungsrecht nicht vom Erschöpfungsgrundsatz umfasst war. Nur Ausnahmsweise stand ihm die Berufung auf das Markenrecht dann nicht zu, wenn dargelegt werden konnte, dass dies zu einer verschleierten Beschränkung des Handels gemäß Art.36 S.2 AEUV (Ex-Art.30 S.2 EG) geführt hätte.

Nach Einführung der MRRL stellte der EuGH in der Bristol-Myers Squibb-Entscheidung fest, dass fortan auch das Kennzeichnungsrecht vom Erschöpfungsgrundsatz umfasst sei. Die Folge daraus ist, dass es nunmehr dem Parallelimporteur nicht mehr grundsätzlich verboten ist, Veränderungen an der Packung vorzunehmen, sondern ihm die Neukennzeichnung prinzipiell erlaubt wird.[253] Ausnahmsweise findet dieser Grundsatz gemäß § 24 Abs.2 MarkenG keine Anwendung, wenn berechtigte Gründe es rechtfertigen, dass der Inhaber sich dem weiteren Vertrieb widersetzt.[254] Dabei muss die Vorschrift im Lichte der Vertragsbestimmungen über den freien Warenverkehr, insbesondere des Art.36

---

251 EuGH verb. Rs. C-427,429,436/93 – Bristol-Myers Squibb, Slg. 1996 S.I-3457 Rn.76.

252 *Reich*, NJW 1984, S.2000 (2002).

253 *Sack*, WRP 1998, S.549 (568).

254 Vgl. Schlussanträge des Generalanwalts Jacobs, EuGH Rs. C-433/00 – Aventis, Slg. 2002 S.I-7761 Rn.56.

AEUV (Ex-Art.30 EG) ausgelegt werden. Der Parallelimporteur muss also die vom EuGH vor Einführung der MRRL aufgestellten Kriterien, präzisiert und ergänzt, weiterhin erfüllen:

- Es ist erwiesen, dass die Geltendmachung der Marke zu einer künstlichen Marktabschottung beitragen würde, was insbesondere dann der Fall ist, wenn das Umpacken erforderlich ist, um die Ware im Einfuhrmitgliedsstaat vertreiben zu können.
- Der Originalzustand der in der Verpackung enthaltenen Ware wird durch das Umpacken nicht beeinträchtigt.
- Auf der neuen Verpackung ist klar angegeben, von wem die Ware umgepackt worden ist und wer der Hersteller ist.
- Die umgepackte Ware ist nicht so aufgemacht, dass dadurch der Ruf der Marke und ihres Inhabers geschädigt werden kann; die Verpackung darf folglich nicht schadhaft, von schlechter Qualität oder unordentlich sein.
- Der Importeur muss den Markeninhaber vorab vom Feilhalten unterrichten und ihm auf Verlangen ein Muster der umgepackten Ware liefern.

Durch die vom EuGH aufgestellten Kriterien wird den Parallelimporteuren praktisch eine „Gebrauchsanweisung" für ein zulässiges Umpacken geliefert.[255]

III. Generelles Erfordernis der Modifikation zentral zugelassener Arzneimittel

Die bislang dargelegten Grundsatzentscheidungen behandelten nur den Parallelhandel national zugelassener Arzneimitteln, so dass sich zunächst die Frage stellt, ob überhaupt eine Situation vorstellbar ist, in der es erforderlich erscheint, auch Modifikationen an einem zentral zugelassenen Arzneimittel vorzunehmen.

Denn durch die gemeinschaftsweite Gültigkeit der zentralen Zulassung muss sowohl die Packungsbeilage als auch die Verpackung selbst die vorgeschriebenen Informationen in allen Amtssprachen der Gemeinschaft wiedergeben. Zudem sind alle verfügbaren zugelassenen Packungsgrößen umfasst, so dass jede Packungsgröße in jedem Mitgliedstaat vertrieben werden darf. Nimmt man die Mitteilung der Kom-

255 *Douglas*, Die markenrechtliche Erschöpfung, Rn.424.

mission zu Paralleleinfuhren wörtlich, dann kann ein Parallelgroßhändler gemäß gemeinschaftlichem Arzneimittelrecht das Arzneimittel *„direkt auf den Markt bringen und parallel vertreiben"*[256].

Allerdings versieht ein Hersteller seine Arzneimittel in den seltensten Fällen mit allen 23 Amtssprachen der EU, sondern bringt vielmehr verschiedene sprachliche Versionen auf den Markt. Dazu ergibt sich aus Art.57 der Richtlinie 2001/83/EG, dass die Mitgliedstaaten bestimmte Etikettierungsmodalitäten wie z.B. die Angabe des Preises oder die Bedingungen für die Erstattung durch die für die soziale Sicherheit zuständigen Stellen fordern können. Diese spezifischen Angaben müssen auf einer umrandeten Sektion auf der Seitenlasche des Arzneimittels angegeben werden, der so genannten „blue box".[257] Der Hersteller kann demnach gezwungen sein, nicht nur sprachliche, sondern auch „nationale" Versionen seines Arzneimittels mit der jeweiligen „blue box" auf den Markt zu bringen.[258]

Zudem bleiben die Zuständigkeiten der Behörden der Mitgliedstaaten in Bezug auf die Einbeziehung von Arzneimitteln in die nationalen Krankenversicherungs- oder Sozialversicherungssysteme durch die zentrale Zulassung unberührt,[259] so dass die Mitgliedstaaten diejenigen therapeutischen Indikationen und Packungsgrößen auswählen dürfen, die von ihren Sozialversicherungsträgern abgedeckt werden.[260] Daraus folgt, dass auch der Hersteller nicht zwangsläufig jede Packungsgröße in jedem Land vertreiben wird, sondern sich nach der jeweiligen Erstattungsfähigkeit richtet.

Somit kann auch der Parallelgroßhändler unter Umständen gezwungen sein, z.B. Etikettierung, Packungsbeilage oder die Packungsgröße zu

---

256 Mitteilung der Kommission vom 30.12.2003 über Paralleleinfuhren von Arzneispezialitäten, deren Inverkehrbringen bereits genehmigt ist, KOM (2003) 839 endg., S.10.

257 Europäische Kommission, Guideline on the packaging information of medicinal products for human use authorised by the Community, S.7 (abrufbar unter: http://ec.europa.eu/health/files/eudralex/vol-2/c/bluebox_02_2008_en.pdf).

258 Europäische Kommission, Guideline on the packaging information of medicinal products for human use authorised by the Community, S.11 (abrufbar unter: http://ec.europa.eu/health/files/eudralex/vol-2/c/bluebox_02_2008_en.pdf).

259 Art.1 S.2 der VO 726/2004.

260 Art.1 S.3 der VO 726/2004.

modifizieren. Ein Umpacken zentral zugelassener Arzneimitteln kann demnach generell erforderlich sein.

IV. *Anwendung der Kriterien auf den Parallelvertrieb*

Nachdem festgestellt wurde, dass auch beim Parallelvertrieb das Umpacken erforderlich sein kann, muss nachfolgend geprüft werden, ob die von der Rechtsprechung für den Parallelimport entwickelten Kriterien ebenfalls Anwendung finden können. Für die Beibehaltung spricht, dass das Umpacken von zentral zugelassenen Arzneimitteln ebenso in die Rechte des Markeninhabers eingreifen kann wie beim Parallelimport und eine Berufung seinerseits auf berechtigte Gründe ebenfalls zu einer künstlichen Marktabschottung führen kann. Zudem gilt der Grundsatz der Warenverkehrsfreiheit unerheblich davon, ob ein Arzneimittel zentral oder national zugelassen wurde. Daher müssen die vom EuGH entwickelten Kriterien grundsätzlich auch im Bereich des Parallelvertriebs Anwendung finden.[261]

Dies bedeutet jedoch nicht zwangsläufig, dass die Kriterien ohne jegliche Modifikation auf den Parallelvertrieb anwendbar sein müssen. Denn die zentrale Zulassung unterscheidet sich in bestimmten Bereichen von der nationalen Zulassung, so dass dies auch auf die jeweilige Parallelhandelsform Auswirkungen haben kann. So zeigt gerade die Rechtsprechung der vergangenen Jahre, dass sich innerhalb der Kriterien im Einzelfall Unterschiede ergeben können. Welche Kriterien davon betroffen sind und welche Unterschiede bestehen, soll anhand einer Analyse der neueren deutschen und europäischen Rechtsprechung untersucht werden.

1. *Künstliche Marktabschottung*

Nachdem der EuGH bereits in seiner Bristol-Myers-Squibb-Entscheidung dargelegt hatte, dass das Umpacken erforderlich sein müsse, um die Ware im Einfuhrmitgliedstaat vertreiben zu können,[262] konkretisierte er in der Loendersloot/Ballantine-Entscheidung[263] das

---

261 Vgl. auch die Mitteilung der Kommission über das gemeinschaftliche Zulassungsverfahren für Arzneimittel, Amtsblatt Nr. C 229 vom 22.07.1998, S.4 (9), die beim der notwendigen Vorabinformation des Markeninhabers auf die *herrschende Rechtsprechung des EuGH* verweist.

262 EuGH verb. Rs. C-427,429,436/93 – Bristol-Myers Squibb, Slg. 1996 S.I-3457 Rn.56.

263 EuGH Rs. 349/95 – Loendersloot/Ballantine, Slg. 1997 S.I-6227.

Merkmal der Erforderlichkeit. Hier hatte ein Parallelhändler Whiskyflaschen mit der Begründung neuetikettiert, dies sei erforderlich, um den Parallelhandel auf bestimmten Märkten zu ermöglichen.[264]

Bei seiner Prüfung nutzte der EuGH teilweise die zum Parallelhandel von Arzneimitteln entwickelten Kriterien.[265] Zur Frage der Erforderlichkeit führte er aus, dass bei der Verwendung von Mitteln, die den Parallelhandel ermöglichten, der spezifische Gegenstand des Markenrechts möglichst wenig beeinträchtigt werden dürfe. So sei es nicht erforderlich, die Originaletiketten zu entfernen, *wenn* die dort befindlichen Angaben den Etikettierungsvorschriften des Bestimmungsmitgliedstaats zwar entsprechen würde, diese aber zusätzliche Angaben vorschrieben, da es dann genüge, auf den fraglichen Flaschen ein Zusatzetikett mit den zusätzlichen Angaben anzubringen.[266]

a) Alte Rechtslage: Prinzip des geringstmöglichen Eingriffs

Aus dieser Konkretisierung leiteten die deutschen Gerichte ab, dass die Prüfung der Erforderlichkeit auf zwei Stufen stattfinden sollte. Zunächst musste geprüft werden, *ob* ein Umpacken für den Parallelhändler grundsätzlich erforderlich war, um es im Einfuhrstaat parallel handeln zu können. Wurde diese Frage bejaht, so musste als nächstes die Frage, *wie* der Parallelhändler das Umpacken vornehmen durfte, einer Erforderlichkeitsprüfung unterzogen werden. Hier wendeten die Gerichte nun das Prinzip des geringstmöglichen Eingriffs an. Ein Umverpacken in eine neue Packung als die wohl schwerwiegendste Beeinträchtigung sollte nur dann erlaubt sein, wenn der bisherige Originalkarton nicht in zumutbarer Weise durch Auf- bzw. Abstockung sowie Anbringung neuer Etiketten weiter verwendet werden könne und auch eine Bündelung nicht in Betracht komme.[267]

---

264 EuGH Rs. 349/95 – Loendersloot/Ballantine, Slg. 1997 S.I-6227 Rn.7.

265 Angewendet wurden vier der fünf Kriterien. Anders als bei Arzneimitteln sah der EuGH das Kriterium des Umpackhinweises auf der Ware in dem Fall als nicht notwendig an, da das Interesse des Markeninhabers , die Nachahmungen bekämpfen zu können, hinreichend berücksichtigt sei, wenn der Parallelhändler den Markeninhaber vorab vom Verkauf der neuetikettierten Erzeugnisse unterrichte, vgl. EuGH Rs. 349/95 – Loendersloot/Ballantine, Slg. 1997 S.I-6227 Rn.49.

266 EuGH Rs. 349/95 – Loendersloot/Ballantine, Slg. 1997 S.I-6227 Rn.46.

267 BGH, WRP 2002, S.1273 (1277) – Aspirin.

Die Einführung des Prinzips des geringstmöglichen Eingriffs zeigte deutlich, dass bei den Rechtsstreitigkeiten zwischen Herstellern und Parallelhändlern zur Frage der Erforderlichkeit längst nicht mehr in erster Linie die erste Stufe, also *ob* der Parallelhändler das Arzneimittel grundsätzlich parallel handeln durfte, sondern vielmehr die zweite Ebene, in welcher *Art und Weise* dies geschehen durfte, hart umkämpft war. Denn sowohl bei den Herstellern als auch bei den Parallelhändlern hatte sich die Vorstellung durchgesetzt, dass die Herstellung einer eigenen Verpackung für den Parallelhändler werbewirksamer und absatzfördernder sei, als eine andere Art des Umpackens.[268]

Während das Aufbringen neuer Etiketten auch bei zentral zugelassenen Arzneimitteln einer Neuverpackung vorgehen musste, war fraglich, ob zum Erreichen von bestimmten Packungsgrößen hier ebenfalls das Bündeln bzw. Auf-/Abstocken genutzt werden konnte. Die EMA vertrat den Standpunkt, dass die Bündelung von zentral zugelassenen Arzneimitteln nicht zulässig sei. Denn da im Unterschied zu einer nationalen Zulassung bei einer Gemeinschaftszulassung jede Packungsgröße eine eigene Zulassungsnummer habe, würde bei einer Bündelung mehrerer Packungen eine Packung entstehen, der eine andere Zulassungsnummer zugeordnet sei, als den jeweils einzelnen, sich im Bündel befindenden Packungen.[269]

aa) Entscheidungen des OLG Hamburg

Diese Problematik war im Jahr 2001 Gegenstand zweier Entscheidungen des OLG Hamburg.[270] Dabei ging es zum einen um die Frage, ob die Neuverpackung eines zentral zugelassenen Arzneimittels in die Packungsgröße N 3 (98 Tabletten) erforderlich sei, wenn diese Packungsgröße ansonsten nur durch das Bündeln zweier Originalpackungen der Größen N 1 (28 Tabletten) und N 2 (56 Tabletten) sowie dem zusätzlichen Aufstocken um weitere 14 Tabletten erreicht werden konnte,[271] zum anderen, ob sechs zentral zugelassene, jeweils einzeln verpackte Fertigspritzen mit Injektionslösung in einer neuen Packung zusammenfasst oder ebenfalls gebündelt werden müssten.[272] In beiden

---

268 So im Ergebnis auch BGH, WRP 2002, S.1273 (1277) – Aspirin.

269 OLG Hamburg, GRUR-RR 2002, 317 (318) – 3 U 162/01.

270 OLG Hamburg, GRUR-RR 2002, 317 ff – 3 U 162/01; GRUR 2002, 890 ff – 3 U 36/01.

271 OLG Hamburg, GRUR-RR 2002, S.317 ff – 3 U 162/01.

272 OLG Hamburg, GRUR 2002, S.890 ff – 3 U 36/01.

Fällen hatte die EMA im Rahmen des Notifizierungsverfahrens in einem Schreiben an die Parallelgroßhändler dargelegt, dass die Bündelung nicht akzeptiert werden könne.

Das OLG Hamburg teilte diese Ansicht nicht und sah eine Neuverpackung als nicht erforderlich an. Es sei technisch und in der praktischen Handhabung ohne weiteres möglich, die Packungen zu einem Gebinde zu bündeln und mit entsprechenden Aufklebern zu versehen. Demgemäß bedürfe es keiner eigenen, neu hergestellten Umverpackung.[273] Es gebe desweiteren keine arzneimittelrechtliche oder sonstige Vorschrift, die etwa generell das Bündeln von Originalverpackungen und das Umkonfektionieren solcher Bündelpackungen mit entsprechenden Aufklebern untersage oder besondere Bestimmungen für solche Packungen enthalte. Nichts anderes gelte für zentral zugelassene Arzneimittel.[274]

Aus der Mitteilung der Kommission über das gemeinschaftliche Zulassungsverfahren für Arzneimittel gehe hervor, dass die Gemeinschaftszulassung alle verfügbaren, zugelassenen Packungsgrößen umfasse. Die Packungsart sei jedoch nicht Teil der Zulassung. Demgemäß sei in den für die zentrale Zulassung maßgeblichen Bestimmungen keine bestimmte Pack-ungsart erwähnt, so dass auch nicht herzuleiten sei, dass die Packungsgröße nur in einer Faltschachtel, nicht aber in einer Bündelpackung zugelassen sei.[275] Aus dem Umstand, dass es für die Originalpackungen eine andere Zulassungsnummer gebe als bei der gebündelten Packung, ergebe sich ebenfalls nichts anderes. Auf der Bündelpackung könne die entsprechende Zulassungsnummer angebracht werden.[276]

Zuletzt sei auch dem Schreiben der EMA nichts Gegenteiliges zu entnehmen. Diese habe zwar geäußert, dass eine Bündelpackung nicht akzeptiert werden könne, die Formulierung zeige jedoch, dass sich dies nur auf ihren Standpunkt, nicht aber auf eine gesetzliche Bestimmung beziehe.[277] Die EMA sei zudem gar nicht befugt, bindende Anordnungen zu treffen. Wie bereits die Eigenbeschreibung des Notifizierungsverfahrens

---

273 OLG Hamburg, GRUR-RR 2002, S.317 (318) – 3 U 162/01; OLG Hamburg, GRUR 2002, S.890 (891) – 3 U 36/01.

274 OLG Hamburg, GRUR-RR 2002, S.317 (317) – 3 U 162/01; OLG Hamburg, GRUR 2002, S.890 (891) – 3 U 36/01.

275 OLG Hamburg, GRUR-RR 2002, S.317 (318) – 3 U 162/01.

276 OLG Hamburg, GRUR 2002, S.890 (891) – 3 U 36/01.

277 OLG Hamburg, GRUR-RR 2002, S.317 (318) – 3 U 162/01.

der EMA zeige, gehe es lediglich darum, auf Anfragen des Parallelgroßhändlers Empfehlungen auszusprechen.[278]

bb) EuGH - Aventis

Auf eine Vorlagefrage des LG Köln hin entschied der EuGH im Jahr 2002 ebenfalls über die Problematik. In diesem Fall hatte die Firma Aventis das Humaninsulin Insuman hergestellt und war Inhaberin zweier zentraler Zulassungen für Packungen mit zehn und fünf Patronen. Dabei vertrieb sie Insuman in Deutschland in Packungen mit zehn Patronen und in Frankreich in Packungen mit fünf Patronen. Die beklagten Parallelgroßhändler führten die Fünferpackungen aus Frankreich nach Deutschland ein, wo sie sie in Packungen mit zehn Patronen mit gleicher Aufmachung wie die, die Aventis für Deutschland herstellt, umpackten. Aventis räumte ein, dass die Parallelgroßhändler wohl befugt seien, die eingeführten Packungen in irgendeiner Weise so zu adaptieren, dass sie Insuman in Deutschland in Einheiten mit zehn Patronen verkaufen könnten. Jedoch war sie der Ansicht, dass diese gebündelte Doppelpackungen fertigen könnten. Es sei deshalb nicht erforderlich, eine neue äußere Umhüllung für zehn Patronen herzustellen. Hierin liege eine Verletzung ihrer Markenrechte.

Die Parallelgroßhändler verwiesen dagegen auf die Stellungnahme der EMA, die auch hier die Bündelpackung als für den Parallelvertrieb nicht zulässig erachtet hatte. Nach den einschlägigen Rechtsvorschriften müsse der Antragsteller für eine Zentralzulassung seinem Antrag ganz bestimmte Packungen beifügen. Werde die Genehmigung erteilt, so beziehe sie sich auf Packungen nur der vorgesehenen Größe. Bündelpackungen seien im vorliegenden Fall nicht vorgeschlagen und folglich auch nicht genehmigt worden.

Der EuGH teilte die Ansicht der Parallelgroßhändler. Ein Arzneimittel, für das zwei verschiedene zentrale Genehmigungen, nämlich für eine Packung mit fünf Einheiten und für eine Packung mit zehn Einheiten, erteilt worden seien, könne nicht in einer Bündelpackung vertrieben werden, die aus zwei neu etikettierten Packungen mit je fünf Einheiten gebildet worden sei. Zentral zugelassene Arzneimittel würden in das Arzneimittelregister der Gemeinschaft aufgenommen und bekämen eine Nummer zugeteilt, die auf der Verpackung angegeben sein müsse. Diese

[278] Ob sich dies durch die VO 726/2004 geändert hat, soll später unter Kapitel 3 A. erörtert werden.

Nummer diene den Zwecken der Identifizierung und Überwachung.[279] Jede zentrale Zulassung beziehe sich auf die betreffende spezifische Aufmachung, d. h. die im Genehmigungsantrag für das Medikament vorgesehene Packungsgröße und -form.[280] In der erteilten Genehmigung seien die Maße, die Aufmachung und die Form der Verpackung des Arzneimittels festgelegt. Die der Arzneimittelverpackung aufzudruckenden Angaben und Informationen bezögen sich deshalb speziell auf diese Verpackung, da sie die Form und die Maße dieser Verpackung zur Grundlage hätten.[281] Hieraus sei der Schluss zu ziehen, dass die spezifischen und detaillierten Vorschriften, die für die Verpackung von durch eine zentrale Genehmigung für das Inverkehrbringen zugelassenen Arzneimitteln galten und mit denen einer Irreführung des Verbrauchers vorgebeugt und so die öffentliche Gesundheit geschützt werden solle, einer Bündelung der Verpackungen dieser Arzneimittel entgegenstünden.[282]

(1) Kritik der Literatur

Die Entscheidung sah sich innerhalb der Literatur heftiger Kritik ausgesetzt. So wurde dem EuGH vorgeworfen, er gehe fälschlicherweise davon aus, die Maße und die Form der Verpackung seien Bestandteile der Genehmigung. Auch beim Umpacken von Arzneimitteln in neu hergestellte Verpackungen würden diese nicht selten von denen des Originalherstellers abweichen, so dass konsequenterweise all diese in ihren Maßen abweichenden Neuverpackungen als zulassungswidrig einzustufen seien.283 Dagegen sprächen zudem die gemeinschaftsrechtlichen Vorschriften über die Änderung einer zentralen Zulassung. Falls die Maße und Form der äußeren Umhüllung zum Inhalt der Genehmigung gehörten, würde deren Änderung einen neuen Antrag nach Art.6 der damals geltenden VO 542/95284 erfordern, da diese nicht vom abschließenden Katalog in Anhang I erfasst würden. Im Gegensatz dazu sei etwa die

279 EuGH Rs. C-433/00 – Aventis, Slg. 2002 S.I-7761 Rn.21.

280 EuGH Rs. C-433/00 – Aventis, Slg. 2002 S.I-7761 Rn.22.

281 EuGH Rs. C-433/00 – Aventis, Slg. 2002 S.I-7761 Rn.24.

282 EuGH Rs. C-433/00 – Aventis, Slg. 2002 S.I-7761 Rn.25.

283 *Weiß*, PharmR 2003, S.158 (161); *Douglas*, Die markenrechtliche Erschöpfung, Rn.529.

284 Verordnung (EG) Nr. 542/95 der Kommission vom 11.03.1995 über die Prüfung von Änderungen einer Zulassung gemäß der Verordnung (EWG) Nr. 2309/93 des Rates, Amtsblatt Nr. L 55 vom 11.03.1995, S.15 ff.

Änderung der Packungsgröße (Nr.30) oder der Form des Behältnisses (Nr.31) als geringfügige Änderung einzustufen, was zu einem sinnwidrigen Ergebnis führe, da bei der Änderung der Maße und Form der äußeren Umhüllung eine geringere Eingriffsintensität vorliege. Richtigerweise unterlägen daher die Packungsmaße und -form eines Arzneimittels überhaupt nicht dem Zulassungsinhalt.[285]

Weiterhin sei die grundsätzliche Auffassung des EuGH, es bestünden verschiedene Zulassungen für die jeweiligen Packungsgrößen, nicht zutreffend. Zwar besäßen die Packungen unterschiedliche Zulassungsnummern, diese seien aber im Wesentlichen identisch, lediglich die letzten drei Ziffern individualisierten die unterschiedlichen Packungsgrößen oder Stärken.[286] Mithin bestehe ihr Zweck nur darin, die Überwachung des Arzneimittelmarktes sicherzustellen. Vielmehr weise eine identische Hauptnummer bei mehreren Packungsgrößen darauf hin, dass für diese nur eine einzige Genehmigung erteilt worden sei.[287] Abgesehen davon könne man auch die VO 297/95[288] über die Gebühren der EMA heranziehen. Art.1 Nr.1 lit.a) sehe vor, dass für einen Antrag auf Genehmigung für das Inverkehrbringen eines Arzneimittels eine Grundgebühr erhoben werde, während sich im Falle von mehreren Packungsgrößen der gleichen Dosierung und Darreichungsform die Gebühr für jede weitere Aufmachung nur um einen geringeren Betrag erhöhe. Müsse für jede einzelne Packungsgröße eine separate Genehmigung beantragt werden, so müsse konsequenterweise für jede Packungsgröße auch die volle Grundgebühr bezahlt werden, was in der Praxis der EMA aber gerade nicht der Fall sei.[289]

Überdies sei nicht ersichtlich und vom EuGH nicht ausgeführt worden, welche Gefahren das Bündeln mit sich bringe, das im Bereich des Parallelimports schon seit Jahren angewendet werde.[290] Zwar habe Generalanwalt Jacobs in seinen Schlussanträgen ausgeführt, es ließen sich Umstände vorstellen, in denen ein Konflikt zwischen dem in der

---

285 *Weiß*, PharmR 2003, S.158 (161).

286 *Römhild*, MarkenR 2002, S.105 (108).

287 *Weiß*, PharmR 2003, S.158 (160); *Douglas*, Die markenrechtliche Erschöpfung, Rn.529.

288 Verordnung (EG) Nr. 297/95 des Rates vom 10.02.1995 über die Gebühren der Europäischen Agentur für die Beurteilung von Arzneimitteln, Amtsblatt Nr. L 35 vom 15.02.1995 S.1 ff.

289 *Weiß*, PharmR 2003, S.158 (160).

290 *Weiß*, PharmR 2003, S.158 (160).

Packungsbeilage genannten Inhalt und dem Inhalt der Verkaufspackung in Form gebündelter Packungen es vermöge, den Verbraucher irrezuführen und damit die öffentliche Gesundheit zu beeinträchtigen.[291] Wenn nach der Rechtsprechung des EuGH aber nicht jedes hypothetische Risiko eines isolierten Fehlers ausreiche, um dem Markeninhaber das Recht zuzugestehen, sich einem Umpacken zu widersetzen, dann könne ein solches Risiko auch ein Verbot der Bündelung mehrerer Originalpackungen rechtfertigen.[292] Insbesondere da die Arzneimittelhersteller aus Kostengründen in den einzelnen Beipackzetteln alle zugelassenen Mengen angeben würden, um so eine weigehende Standardisierung zu erzielen, sei eine Irreführung der Verbraucher kaum vorstellbar.[293] Zudem würden auch die Originalhersteller gebündelte Packungen in Form von Doppelpackungen in den Verkehr bringen, so dass auf dem Arzneimittelmarkt von einer gewissen Gewöhnung des Verbrauchers ausgegangen werden könne.[294]

(2) Stellungnahme

Die Argumente der Literatur vermögen nicht vollends zu überzeugen. Tatsächlich zeigt das Ergebnis des EuGH, dass er davon ausgeht, die Form der Packung sei von der Genehmigung umfasst. Besteht nur die Zulassung für eine Packung mit zehn Einheiten, dann könne keine Packung auf den Markt gebracht werden, die zwar auch zehn Einheiten umfasst, aber nicht die Form einer Einzelpackung besitzt, sondern die Form einer Doppelpackung. Die Zulassung deckt nach Ansicht des EuGH dann also gerade nicht die Form einer Doppel- bzw. Bündelpackung. Zwar findet sich im Urteil der Satz, die Form und die Maße der Verpackung seien im Genehmigungsantrag festgelegt[295]; dass der EuGH aber die Bündelpackung auch als deshalb nicht für zulässig erachtet, weil diese nicht zentimetergenau den konkreten Maßen einer Einzelpackung entspricht, ist nicht ersichtlich. Dafür spricht zudem seine zuvor getätigte Aussage, die Genehmigung beziehe sich auf die spezifische Aufmachung, also die im Genehmigungsantrag für das Arzneimittel

---

291 Schlussanträge des Generalanwalts Jacobs, EuGH Rs. C-433/00 – Aventis, Slg. 2002 S.I-7761 Rn.44.

292 *Douglas,* Die markenrechtliche Erschöpfung, Rn.531.

293 *Douglas,* Die markenrechtliche Erschöpfung, Rn.529.

294 *Weiß,* PharmR 2003, S.158 (161); *Römhild,* MarkenR 2002, S.105 (108).

295 EuGH Rs. C-433/00 – Aventis, Slg. 2002 S.I-7761 Rn.25.

vorgesehene Packungsgröße und -form, ohne Erwähnung der Maße.[296] Wenn aber die fehlenden konkreten Maße der Bündelpackung nicht der Grund für ihre Unzulässigkeit sind, dann kann auch das Argument, konsequenterweise müssten alle in den Maßen abweichenden Neuverpackungen ebenfalls unzulässig sein, nicht greifen.

Auch das Argument bezüglich der nicht im Anhang I der VO 542/95 aufgelisteten Änderungen bezüglich Form und Maße führt zu keiner anderen Einschätzung. So hat das EuG in seiner Dr. Karl Thomae-Entscheidung_zwar festgestellt, dass die VO 542/95 keine entsprechende Vorschrift in Bezug auf die Verpackungsaufmachung enthalte, mangels jeglicher ausdrücklichen Vorschrift könne dem Schweigen des Gesetzgebers aber nicht entnommen werden, dieser habe jede derartige Änderung verbieten wollen.[297] Die nunmehr an Stelle der VO 542/95 geltende VO 1234/2008[298] kommt zum selben Ergebnis. Da die Änderung der Form und Maße der äußeren Umhüllung weder im Anhang noch in den Leitlinien der Kommission[299] aufgeführt sind, gelten sie gemäß Art.3 Abs.2 der VO 1234/2008 standardmäßig als geringfügige Änderung des Typs IB.

Weiterhin lässt sich entgegen der Literatur aus der identischen Hauptnummer nicht ablesen, dass nur eine Zulassung erteilt wurde, sondern nur, dass es sich um ein bestimmtes Arzneimittel in einer bestimmten Zusammensetzung handelt. Dieses Arzneimittel besitzt für jede Packungsgröße oder Stärke eine gesonderte Zulassungsnummer, die auch dann verschieden ist, wenn sie sich nur in den Subnummern unterscheidet.

Auch das Argument, dass konsequenterweise dann nach VO 297/95 mehrere Grundgebühren zu zahlen seien, ist so nicht zutreffend. Denn wenn nun im fünften Erwägungsgrund der VO 297/95 die Grundgebühr definiert wird als eine Gebühr, die anlässlich des Erstantrags auf Genehmigung eines bestimmten Arzneimittels erhoben wird, zeigt sich, dass sie auch bei Vorliegen mehrerer Genehmigungen nur einmal ge-

---

296 EuGH Rs. C-433/00 – Aventis, Slg. 2002 S.I-7761 Rn.22.

297 EuG Rs. T 123/00 – Dr. Karl Thomae, Slg. 2002 S.II-5193 Rn.102.

298 Verordnung (EG) Nr. 1234/2008 der Kommission vom 24.11.2008 über die Prüfung von Änderungen der Zulassungen von Human- und Tierarzneimitteln, Amtsblatt L 334 vom 12.12.2008 S.7 ff.

299 Mitteilung der Kommission – Ausführliche Leitlinien für die verschiedenen Kategorien von Änderungen der Zulassungen von Human- und Tierarzneimitteln, Amtsblatt Nr. C 17 vom 22.01.2010, S.1 ff.

zahlt werden muss. Denn das Arzneimittel bleibt trotz verschiedener Packungsgrößen dasselbe und kann demnach nicht mehrmals einem *Erstantrag* unterfallen.

Zu Recht wird jedoch die Schlussfolgerung des EuGH, die fehlende Zulassung stehe der Bündelpackung gerade deshalb entgegen, um einer Irreführung des Verbrauchers vorzubeugen und so die öffentliche Gesundheit zu schützen, von der Literatur kritisiert. Denn ob ein Arzneimittel national oder zentral zugelassen ist, wird für den Verbraucher regelmäßig nicht von Relevanz sein. Ebenso wenig wird er sich mit den unterschiedlichen Zulassungsnummern auseinandersetzen. Im Zweifel ist ihm deren Bedeutung nicht einmal klar. Im Ergebnis kann daher die fehlende Zulassung der Bündelpackung nicht die Ansicht des EuGH rechtfertigen, die Bündelung im Parallelvertrieb sei für die öffentliche Gesundheit gefährlicher als im Falle des Parallelimports. Es stellt sich die Frage, warum der EuGH in seiner Begründung nicht auf den Einheitscharakter der zentralen Zulassung abgestellt hat, nach der eben nur solche Packungsformen erlaubt sind, die der Hersteller vorher angemeldet hat und es eben nicht dem Parallelgroßhändler obliegt, willkürlich neue Packungsformen auf den Markt zu bringen.

(3) Auswirkung auf die Praxis

Neben der Kritik stellt sich die Frage, welche Auswirkungen die Aventis-Entscheidung auf die Praxis gebracht hat. Ein generelles Verbot von Bündelpackungen, wie vereinzelt zu lesen ist,[300] kann aus der Entscheidung jedenfalls nicht entnommen werden. Aus der Begründung des EuGH ergibt sich zwar, dass die Bildung einer Bündelpackung dann nicht in Betracht kommt, sofern diese nicht von der zentralen Zulassung umfasst wird. Der VO 726/2004/EG ist allerdings nicht zu entnehmen, dass nur jeweils eine Zulassung für eine bestimmte Packungsgröße erlaubt sein soll. Somit könnte der Arzneimittelhersteller, der z.B. eine Zulassung für eine Packung mit 10 Tabletten wünscht, nicht nur die Zulassung für die Form einer regulären Zehnerpackung beantragen, sondern zudem eine Zulassung für eine aus zwei Fünferpackungen bestehende Bündelpackung. Den Leitlinien der EMA lässt sich nicht entnehmen, dass eine solche Praxis nicht durchführbar wäre. Vielmehr findet sich in einem am 19.07.2006 ergangenen Update der Leitlinien zur Durchführung des Parallelvertriebs der Hinweis:

---

300 Vgl. *Bauroth*, in: Fuhrmann/Klein/Fleischfresser, Arzneimittelrecht, § 23 Rn.34; *Mehler*, MarkenR 2009, S.281 (281).

"[...] if there is a Community Marketing Authorisation for a bundle-pack with a particular EU registration number for a given medicinal product, also the parallel distributor can create this bundle-pack."[301]

Auch in den Erläuterungen der EMA zum Notifizierungsverfahren von parallel vertriebenen Arzneimitteln wird unter dem Punkt 4. A) betreffend die Veränderung der Packungsgröße eine Bündelpackung als Beispiel angegeben:

„Describe what changes with regard to pack-size have been made to the original pack e.g. a bundle pack of 112 tablets is created with 2 packs of 56 tablets [...] NOTE: The proposed pack-size needs to be authorised in the Community marketing authorization (relevant EU-Numbers).Creating a bundle pack is only allowed if such pack-size/presentation is authorised in the community Marketing Authorisation."[302]

Dies zeigt deutlich, dass von Parallelgroßhändlern hergestellte Bündelpackungen sehr wohl unter bestimmten Voraussetzungen erlaubt sein müssen. Besitzt also der Hersteller wie im oben genannten Beispiel nicht nur die Zulassung für eine reguläre Fünferpackung und eine reguläre Zehnerpackung, sondern zudem die Zulassung für eine aus zwei regulären Fünferpackungen bestehende Bündelpackung, so kann sich der Parallelgroßhändler, wenn er Fünferpackungen erwirbt, sie aber in Zehnerpackungen auf den Markt bringen möchte, nicht auf die Erforderlichkeit einer Neuverpackung berufen. Er muss dann die Fünferpackungen als Bündelpackungen vertreiben.

---

301 EMA, Post-authorisation Guidance on Parallel Distribution, Frage 10, S.16 (EMEA/Ho/2368/Rev 4), (abrufbar unter: http://www.ema.europa.eu/docs/en_GB/document_library/Regulatory_and_procedural_guideline/2009/10/WC500005178.pdf). Diese Aktualisierung der Leitlinien verschweigt Bauroth und kommt so zu dem unzutreffenden Ergebnis, die EMA akzeptiere grundsätzlich keine Bündelpackungen. (*Bauroth,* in: Fuhrmann/Klein/Fleischfresser, Arzneimittelrecht, § 23 Rn.34).

302 EMA, Explanatory notes on revision 8: Notification of a change for Parallel Distribution of a centrally authorised medicinal product, S.5 (abrufbar unter: http://www.ema.europa.eu/docs/en_GB/document_library/Regulatory_and_procedural_guideline/2009/10/WC500005182.pdf)

cc) Revidierte Rechtsprechung der deutschen Gerichte

In Reaktion auf die Aventis-Entscheidung revidierte das OLG Hamburg in seiner 2003 ergangenen Entscheidung ausdrücklich seinen zuvor vertretenen Standpunkt. [303] Es wies die Klage eines Markeninhabers ab, der jeweils eine zentrale Zulassung für die Packungsgrößen zu 56 und 98 Tabletten hielt. Dieser hatte versucht, den Parallelgroßhändler auf die Bündelung samt Abstockung (1x56 u. 1x42 Tabletten) zur Erreichung einer 98er Packung (Packungsgröße N 3) zu verweisen.

Das OLG Hamburg führte aus, bei zentral zugelassenen Arzneimitteln könne sich der Markeninhaber dem unautorisierten Umpacken in eine neu hergestellte äußere Umverpackung nicht widersetzen, soweit die betreffende Packungsgröße andernfalls nur durch Bündeln von Packungen mit kleinerer Packungsgröße erstellt werden könne. Das Argument des Markeninhabers, der EuGH habe in der Aventis-Entscheidung nur das Bündeln von zwei Einzelpackungen (etwa der Packungsgröße N 1) zu einer Doppelpackung verboten, nicht aber eine neue Gebindegröße N 3, greife nicht durch. Es bleibe auch dann eine Bündelpackung, wenn bei der einzelnen Faltschachtel eine Auf- oder Abstockung vorgenommen werde. Die Ansicht des Markeninhabers, es handele sich bei der Bündelpackung doch letztlich nur um eine Packung, treffe nicht den Kern der Argumentation des EuGH. Nach dieser sei eine Packung in Form einer Doppelpackung bzw. einer Bündelpackung eben von der zentralen Zulassung wegen der Doppelpackungsform nicht gedeckt.[304]

Schon das besondere Hervorheben durch das OLG Hamburg, dass sich das *sonst anbietende Bündeln* von mehreren Packungen mit kleinerem, teilweise aufgestocktem Packungsinhalt verbiete, weil es sich um ein zentral zugelassenes Arzneimittel handle[305], zeigte deutlich, dass die Aventis-Rechtsprechung nur auf den Parallelvertrieb und nicht auch auf den Parallelimport angewendet werden sollte. Praktisch im Umkehrschluss wurde dies auch durch die Entscheidung des BGH in der Rechtssache „Pulmicort“[306] bestätigt. Hier ging es um die Frage, ob das national zugelassene Arzneimittel Pulmicort gebündelt werden müsse oder neu verpackt werden dürfe. Der BGH führte aus, die Aventis-Entscheidung stehe dem Bündeln nicht entgegen, denn es betreffe nur Fälle von zentral

303 OLG Hamburg, GRUR-RR 2004, S.169 ff. – 3 U 209/02.

304 OLG Hamburg, GRUR-RR 2004, S.169 (171). – 3 U 209/02.

305 OLG Hamburg, GRUR-RR 2004, S.169 (170). – 3 U 209/02.

306 BGH, WRP 2003, S.531 ff – Pulmicort.

zugelassenen Arzneimitteln und die Parteien hätten in den Instanzen nicht vorgetragen, dass für das Arzneimittel Pulmicort eine derartige zentrale Zulassung erwirkt worden sei.[307]

dd) Zusammenfassung

Die Aventis-Entscheidung und die darauffolgende Rechtsprechung der deutschen Gerichte führten dazu, dass das Prinzip des geringstmöglichen Eingriffs im Parallelvertrieb kaum Anwendung fand. Da der Arzneimittelhersteller regelmäßig keine zentrale Zulassung für die Form einer Bündelpackung hält, darf diese bei zentral zugelassenen Arzneimitteln nicht verwendet werden. Obwohl nicht ausdrücklich entschieden, muss gleiches auch für das Auf- oder Abstocken gelten, da auch hier der Inhalt der Packung nicht mehr mit dem übereinstimmt, was der jeweiligen Zulassungsnummer zu entnehmen ist und mithin nicht von der Genehmigung gedeckt ist. Somit spielt das Prinzip des geringstmöglichen Eingriffs im Bereich des Parallelvertriebs nur dann eine Rolle, wenn die Packungsgröße des Ausfuhrstaats mit der des Einfuhrstaates übereinstimmt. In diesem Fall darf nicht neu verpackt werden, sondern es muss das mildere Mittel, nämlich das Neuetikettieren der Originalpackung vorgenommen werden.

b) Neue Rechtslage: EuGH - Boehringer / Swingward II

In seiner Boehringer/Swingward II - Entscheidung[308] erteilte der EuGH dann dem strengen Prinzip des geringstmöglichen Eingriffs eine Absage. Er verwies dabei auf die 2003 ergangene Paranova/Merck-Entscheidung des EFTA-Gerichtshofs.[309] Hier gestaltete der Parallelimporteur Paranova die Packungen insofern neu, als stets zwei farbige Balken entlang der Kanten auf die Schachteln gedruckt wurden. Deren Farben, nicht aber ihre Position, stimmten jeweils mit denen des Originalprodukts überein. Der klagende Originalhersteller Merck machte vor Gericht geltend, dass die Einheitlichkeit dieses Designs den Eindruck einer spezifischen Paranova-Produktpalette erwecken würde. Der EFTA-Gerichtshof führte hierzu aus, der EuGH habe das Recht zum Umpacken zwar einem Erforderlichkeitstest unterworfen, ob das auch für die Gestaltung des Verpackungsdesigns Geltung beanspruche, habe der Europäische Gerichtshof aber noch nicht entschieden. Weiterhin hob er die Bedeutung

---

307 BGH, WRP 2003, S.531 (533) – Pulmicort.

308 EuGH Rs. C-348/04, Boehringer/Swingward II, Slg. 2007 S.I-3391.

309 EFTA, GRUR Int. 2003, 936 ff. – Paranova/Merck.

des freien Handels in national aufgeteilten Märkten wie dem Arzneimittelmarkt hervor. In Würdigung seiner Rolle bei der Überwindung dieser Marktaufteilung würden dem Parallelimporteur gewisse Privilegien eingeräumt. Wenn das Recht zum Umpacken und Anbringen der Originalmarke erst einmal feststehe und der Marktzugang damit etabliert sei, müsse der Parallelimporteur als Wirtschaftsteilnehmer auf gleicher Augenhöhe mit dem Hersteller und Markeninhaber angesehen werden. Daraus folge, dass seine Produktpräsentationsstrategie und das neue Packungsdesign nicht dem Erforderlichkeitstest unterworfen werden könne. Stattdessen bedürfe es einer umfassenden Fallwürdigung, in der die berechtigten Interessen von Markeninhaber und Parallelimporteur sorgfältig gegeneinander abgewogen werden müssten.[310]

Unter Bezugnahme auf das Urteil des EFTA-Gerichtshofs führte der EuGH aus, grundsätzlich könne der Markeninhaber jede mit dem Umpacken verbundene Veränderung eines mit einer Marke versehenen Arzneimittels verbieten. Dies gelte aber nicht, wenn das Umpacken erforderlich sei, um die Vermarktung der Ware zu ermöglichen, und die berechtigten Interessen des Markeninhabers überdies gewahrt seien.[311] Diese Voraussetzung der Erforderlichkeit sei erfüllt, wenn Regelungen oder Praktiken im Einfuhrmitgliedstaat den Vertrieb der genannten Waren auf dem Markt dieses Staates in der gleichen Verpackung, in der sie im Ausfuhrmitgliedstaat vertrieben werden, verhinderten.[312] Dagegen sei die Voraussetzung der Erforderlichkeit nicht erfüllt, wenn das Umpacken der Ware seinen Grund ausschließlich darin habe, dass der Parallelimporteur einen wirtschaftlichen Vorteil erlangen wolle.[313] Folglich betreffe diese Voraussetzung der Erforderlichkeit nur das Umpacken der Ware als solches im Hinblick darauf, den Vertrieb dieser Ware auf dem Markt des Einfuhrmitgliedstaats zu ermöglichen und nicht die Art und Weise, in der das Umpacken durchgeführt werde.[314]

Obwohl die unglückliche Formulierung dazu Anlass böte, darf diese Schlussfolgerung nicht falsch verstanden werden. Wenn der EuGH von „folglich" spricht, will er damit nicht ausdrücken, dass die Voraussetzung der Erforderlichkeit gerade deshalb nur das Umpacken der Ware

---

310 Pressemitteilung 05/03 des EFTA-Gerichtshofs vom 08.07.2003 (abrufbar unter: http://www.eftacourt.int/images/uploads/PR05_LI_2003.pdf)

311 EuGH Rs. C-348/04, Boehringer/Swingward II, Slg. 2007 S.I-3391, Rn.35.

312 EuGH Rs. C-348/04, Boehringer/Swingward II, Slg. 2007 S.I-3391, Rn.36.

313 EuGH Rs. C-348/04, Boehringer/Swingward II, Slg. 2007 S.I-3391, Rn.37.

314 EuGH Rs. C-348/04, Boehringer/Swingward II, Slg. 2007 S.I-3391, Rn.38.

als solches betreffen soll, weil er im Satz zuvor die Voraussetzungen der Erforderlichkeit bei ausschließlich wirtschaftlichen Vorteilen des Parallelimporteurs als nicht erfüllt angesehen hat. Denn dies würde zu dem absurden Ergebnis führen, dass wenn die Voraussetzung der Erforderlichkeit nicht gegeben wäre, diese auch nicht vorliegen müsse.

Vor dem Hintergrund, dass der EuGH offenkundig die Einschätzung des EFTA-Gerichtshofs teilt, ist sein Ergebnis daher vielmehr so zu verstehen, dass er die Erforderlichkeit nur auf einer Stufe prüfen will, nämlich, *ob* das Umpacken grundsätzlich erforderlich ist, um das Arzneimittel parallel zu handeln. Dieses wäre nur dann zu verneinen, wenn der Parallelhändler das Arzneimittel auch ohne Umpacken im Einfuhrland vertreiben könnte, es ihm also allein um den eigenen wirtschaftlichen Vorteil ginge. Hat der Parallelhändler jedoch einmal die Hürde der Erforderlichkeit übersprungen, so ist diese bei der Frage, in welcher Art und Weise, also *wie* er das Arzneimittel umpacken darf, nicht mehr anzulegen.

Allerdings machte der EuGH in diesem Zusammenhang auch deutlich, dass er nicht vollständig vom Prinzip des geringstmöglichen Eingriffs abweichen wollte. Die Wahl zwischen Neuverpackung und Überkleben sei zusätzlich zu der Frage, ob überhaupt ein Umpacken erforderlich sei, an dem Kriterium der Erforderlichkeit zu messen.[315] Da er in derselben Entscheidung festgestellt hatte, dass auch die Neuetikettierung ein Umpacken darstelle,[316] ist diese Einschränkung nur konsequent und auch notwendig. Denn da regelmäßig zumindest die Sprache des Ausfuhrlandes auf der Packung mittels Etikett durch die Sprache des Einfuhrlandes ersetzt werden muss, liegt darin immer ein Umpacken, das als solches auch immer erforderlich ist, um das Arzneimittel im Einfuhrstaat vertreiben zu können. Somit könnte der Parallelhändler auch dann das Arzneimittel in eine eigene Verpackung umpacken, wenn er eigentlich nur ein Etikett überkleben müsste. Im Ergebnis müsste die Erforderlichkeit praktisch immer bejaht werden und wäre somit ihres eigentlichen Sinns beraubt. Die Einschränkung zeigt jedoch, dass der EuGH dies gerade nicht beabsichtigte.

In der deutschen Rechtsprechung führte das Urteil zu erheblichen Veränderungen. In seinen Mitte 2007 ergangenen Urteilen Stilnox[317],

---

315 EuGH Rs. C-348/04, Boehringer/Swingward II, Slg. 2007 S.I-3391, Rn.38.

316 EuGH Rs. C-348/04, Boehringer/Swingward II, Slg. 2007 S.I-3391, Rn.28.

317 BGH, WRP 2007, S.1472 ff. – Stilnox.

Cordarone[318] und Aspirin II[319] nahm er erstmals dazu Stellung. 2011 erging zudem das Urteil Rennie[320], auf das ebenfalls im Folgenden eingegangen werden soll.

aa) BGH - Stilnox

In der Stilnox-Entscheidung hatte der Parallelimporteur ein Schlafmittel aus Spanien importiert, das dort in einer 30er Packung mit drei Blistern zu jeweils 10 Tabletten vertrieben wurde. In Deutschland vertrieb der Markeninhaber es jedoch nur in 10er Packungen. Daraufhin packte der Parallelimporteur die 30er Packung in drei 10er um. Der Markeninhaber beanstandete unter anderem, dass doch zumindest ein Blister in der Originalpackung hätte verbleiben können, mithin nur das Umpacken von zwei Blistern in neue Packungen erforderlich gewesen sei.

Unter Berufung auf Boehringer/Swingward II wies der BGH die Klage des Markeninhabers ab. Entgegen seiner Auffassung sei im Streitfall die Erforderlichkeit des Umpackens für den gesamten Inhalt der importierten Originalpackung zu bejahen. Da in Deutschland eine 10er Packung üblich sei und keine 30er Packung, sei ein Umverpacken erforderlich. Zwischen den drei Blisterstreifen zu je 10 Tabletten sei kein Unterschied ersichtlich. Wenn ein Markeninhaber mehrere gleichartige Warenstücke einheitlich in einer Verpackung in den Verkehr bringe, habe er es hinzunehmen, dass für die Frage, ob und inwieweit eine Erschöpfung seiner Markenrechte eingetreten sei, grundsätzlich auf die Wareneinheit als solche abgestellt werde. Die Frage, wie die drei Blisterstreifen aus der Originalverpackung weiter vertrieben werden dürften, betreffe demnach die Art und Weise des Umpackens. Dies gelte auch für die Frage, ob ein Blisterstreifen in der Originalverpackung zu verbleiben habe.[321]

bb) BGH - Cordarone

Vier Wochen nach der Stilnox-Entscheidung präzisierte der BGH seine Ausführungen in der Rechtssache Cordarone. Hier führten Parallelimporteure das Arzneimittel in der Packungsgröße zu 60 Tabletten von Belgien nach Deutschland ein. Da eine 60er Packung in Deutschland

318 BGH, WRP 2008, S.226 ff. – Cordarone.

319 BGH, WRP 2008, S.102 ff. – Aspirin II.

320 BGH, GRUR 2011, S.817 ff. – Rennie.

321 BGH, WRP 2007, S.1472 (1475) – Stilnox.

nicht vertrieben wird, sondern nur Packungen zu 20, 50 und 100 Tabletten, bildeten sie aus dieser sowohl 20er als auch 100er Packungen.

Die Markeninhaberin wandte gegen die mögliche Erschöpfung ihrer Markenrechte ein, die Neuverpackung sei nicht erforderlich. Da in Belgien ebenfalls eine 20er Packung vertrieben werde, ließe sich die in Deutschland übliche Packungsgröße zu 20 Tabletten unter Verwendung der belgischen Original-Umverpackung zu 20 Tabletten mit Überklebungen unschwer herstellen. Die Packungsgröße zu 100 Tabletten könne durch Bündeln der überklebten Originalpackungen erreicht werden. Dies sei sogar in zweifacher Weise möglich, nämlich durch Bündeln von 5 x 20 Tabletten sowie durch Zusammenfassung einer Packung zu 60 Tabletten und zweier Packungen zu 20 Tabletten.[322] Der BGH folgte diesem Vorbringen nicht. Werde ein Erzeugnis in verschiedenen Gestaltungen in einem Mitgliedstaat in Verkehr gebracht, so liege eine Beschränkung des Handels zwischen den Mitgliedstaaten auch dann vor, wenn das Erzeugnis in anderen Mitgliedstaaten nur in einigen dieser Gestaltungen vertrieben werden könne, andere Gestaltungen dagegen ausgeschlossen seien. Das Umpacken der in Belgien in der Packungsgröße zu 60 Tabletten in Verkehr gebrachten und von dort durch die Beklagten importierten Arzneimittel sei erforderlich, denn in der Originalverpackung ließen sich diese Arzneimittel in Deutschland nicht vertreiben, weil hier nur Packungsgrößen zu 20, 50 und 100 Tabletten üblich seien. Entgegen der Auffassung des Berufungsgerichts komme es insoweit nicht darauf an, ob die Beklagten das gleiche Arzneimittel in der Packungsgröße zu 20 Tabletten aus Belgien importieren und in Deutschland ohne Umverpackung weitervertreiben könnten. Werde ein Erzeugnis in verschiedenen Gestaltungen in einem Mitgliedstaat in Verkehr gebracht, so liege eine Beschränkung des Handels zwischen den Mitgliedstaaten auch dann vor, wenn das Erzeugnis in anderen Mitgliedstaaten nur in einigen dieser Gestaltungen vertrieben werden könne, andere Gestaltungen dagegen ausgeschlossen seien. Dies folge im Übrigen auch daraus, dass nach Art.34 AEUV (Ex-Art.28 EG) mengenmäßige Einfuhrbeschränkungen zwischen den Mitgliedstaaten grundsätzlich verboten seien.[323]

---

322 BGH, WRP 2008, S.226 (227) – Cordarone.

323 BGH, WRP 2008, S.226 (231) – Cordarone.

cc) BGH - Aspirin II

Am selben Tag wie die Cordarone-Entscheidung erging zudem die Entscheidung Aspirin II. Der BGH hatte sich mit der Frage zu beschäftigen, ob der Parallelimporteur fünf aus Griechenland importierte 20er Aspirin-Packungen zu bündeln habe oder ihm eine Neuverpackung in eine 100er Packung erlaubt sei. Obwohl er im Ergebnis die Klage wegen Verwirkung abwies[324], verneinte er in diesem Fall die Erforderlichkeit des Umpackens. Bei der Frage nach der Erforderlichkeit komme es darauf an, ob die Umverpackung erforderlich sei, um tatsächlich Zugang zu dem betreffenden Markt erlangen zu können oder ob dieser Zugang auch bei Verwendung der als parallel importiert gekennzeichneten, also mit Etiketten überklebten Originalverpackungen gegeben sei. Bestehe eine Abneigung der Verbraucher gegen mit Etiketten überklebte Arzneimittelpackungen, so stelle dies nicht stets ein Hindernis für den tatsächlichen Zugang zum Markt dar, das ein Umpacken in eine neue Verpackung erforderlich mache. Davon könne vielmehr erst dann ausgegangen werden, wenn auf einem Markt oder einem beträchtlichen Teil dieses Markts ein so starker Widerstand eines nicht unerheblichen Teils der Verbraucher gegen mit Etiketten überklebte Arzneimittelpackungen bestehe, dass von einem Hindernis für den tatsächlichen Zugang zum Markt auszugehen sei. Denn dann werde mit dem Umpacken der Arzneimittel nicht ausschließlich ein wirtschaftlicher Vorteil angestrebt, sondern es diene der Erlangung des tatsächlichen Zugangs zum Markt.[325]

dd) BGH - Rennie

Rund vier Jahre später nahm der BGH erneut zur Frage Stellung, wann ein Umpacken als solches erforderlich sei.[326] In dem vorliegenden Fall ging es um ein Arzneimittel, dass in Tschechien in einer Packung mit acht Blistern zu je 12 Tabletten, also insgesamt 96 Tabletten, vertrieben

---

324 Der Parallelimporteur hatte 1997 zunächst eine Bündelpackung aus fünf 20er Packungen vertrieben, war dann jedoch wegen Unordentlichkeit abgemahnt worden und vertrieb das Arzneimittel daraufhin 5 Jahre lang und von der darüber informierten Klägerin unbeanstandet in eigenen Verpackungen. Erst 2002 beanstandete sie diese Form des Vertriebs und forderte ein Inverkehrbringen in Bündelpackungen. Nach Ansicht des BGH verstieß dies gegen § 242 BGB, da die Klägerin die Beanstandung nicht in angemessener Zeit nach der Vorabinformation gerichtlich weiterverfolgt habe.

325 BGH, WRP 2008, S.102 (104) – Aspirin II.

326 BGH, GRUR 2011, S.817 ff. – Rennie.

wurde. In Deutschland wurde es dagegen in einer Packung mit 120 Tabletten vertrieben. Der Parallelimporteur hatte hier zunächst immer eine Originalpackung aufgelöst und sodann mit diesen acht Blistern vier weitere Originalpackungen aufgestockt. Unter Berufung auf die Boehringer/Swingward II-Entscheidung änderte der Parallelimporteur seine Praktik jedoch dahingehend, dass er fortan alle 96er Originalpackungen auflöste und die Blister in eigenen, neu hergestellten 120er Packungen vertrieb.

Der BGH hielt dieses Vorgehen für nicht zulässig. Er begründete dies damit, dass sich aus der Boehringer/Swingward II-Entscheidung ergebe, dass das Umpacken in neu hergestellte Kartons objektiv dann nicht erforderlich sei, wenn der Parallelimporteur mit neuen Etiketten überklebte Originalkartons verwenden könne, in die weitere Blister gefüllt würden. In einer solchen Fallkonstellation seien durch eine Verwendung einer neu gestalteten Verpackung mit Wiederanbringung der Marke statt der umetikettierten Originalpackung nur wirtschaftliche Interessen des Parallelimporteurs in Gestalt werbewirksamer oder absatzfördernder Maßnahmen betroffen, die den an sich gegebenen Eingriff in die Rechte des Markeninhabers nicht rechtfertigten.[327]

ee) Zusammenfassung

Die deutsche Rechtsprechung zeigt, welche weitreichenden Konsequenzen die Entscheidung des EuGH mit sich bringt. In seiner Stilnox-Entscheidung macht der BGH deutlich, dass der Parallelimporteur keine Abstockung des Packungsinhalts vornehmen muss, sondern stattdessen sofort zur Neuverpackung aller sich in der Originalpackung befindlichen Blister berechtigt ist. Auch kann der Hersteller nach der Cordarone-Entscheidung dem Parallelimporteur nicht entgegenhalten, dieser hätte das Arzneimittel auch in der gleichen Packungsgröße, wie es im Einfuhrstaat verkehrsfähig wäre, einführen und damit ohne Umverpackung weitervertreiben können. Denn es kommt nur auf das konkrete, im Europäischen Wirtschaftsraum in Verkehr gebrachte Warenexemplar und nicht auf mit diesem identische oder ähnliche Waren an.[328]

Nach der Aspirin II-Entscheidung scheint es weiterhin das mildere Mittel zu sein, die Originalpackungen zu bündeln, anstatt eine neue Verpackung herzustellen. Dies verwundert zunächst, erscheint doch auch in

327 BGH, GRUR 2011, S.817 (819) – Rennie.

328 BGH, WRP 2008, S.226 (231) – Cordarone.

diesem Fall eine Neuverpackung erforderlich, um die gewünschte Packungsgröße zu erreichen. Allerdings handelt es sich im vom BGH zu entscheidenden Fall um Originalpackungen, die ohne Veränderung der Packungsgröße der einzelnen Packungen gebündelt werden können und denen nur ein neues Etikett aufgeklebt werden muss. Die Schwere dieses Eingriffs ist von einem bloßen Überkleben einer Einzelpackung nicht zu unterscheiden, so dass es durchaus berechtigt erscheint, hier die Erforderlichkeit einer Neuverpackung zu verneinen. Diese Ansicht teilt auch das LG Hamburg. Hinsichtlich der Intensität der Markenbeeinträchtigung bedeute es einen greifbaren Unterschied, ob die lediglich neu etikettierte Originalverpackung mit unverändertem Inhalt gebündelt verwendet oder ob durch Öffnen und Entfernen/Hinzufügen eines Blisters in die Wareneinheit eingegriffen und diese so in einer Weise verändert werde, die tatsächliche Gefahren für die Herkunftsgarantie begründe, die durch die Marke gewährleistet werden solle. Mithin sei die Vorgabe des EuGH so zu lesen, dass es erforderlich sein müsse, nicht nur zu überkleben, sondern darüber hinaus neu zu verpacken.[329] Somit kann nur noch dann die Erforderlichkeit verneint werden, wenn entweder eine bloße Neuetikettierung ausreicht, um das Arzneimittel im Einfuhrland verkehrsfähig zu machen oder aber Originalpackungen gebündelt und überklebt werden können, ohne dass zudem der Inhalt verändert werden muss.

Die Rennie-Entscheidung des BGH erscheint dagegen verfehlt. Denn wie bereits dargestellt, hat der EuGH in Boehringer/Swingward II gerade deshalb bei der Frage der Erforderlichkeit das Neuetikettieren neben das Neuverpacken gestellt, weil er in derselben Entscheidung das Neuetikettieren als Form des Umpackens klassifiziert hatte und somit der Parallelhändler ohne diese Einschränkung bei jeder notwendigen Neuetikettierung eine Neuverpackung hätte vornehmen können. Dass der EuGH den Begriff des Neuetikettierens so weitreichend wie der BGH auslegen wollte, ist nicht ersichtlich. Dort wo der EuGH das Neuetikettieren erwähnt, spricht er davon, ein Etikett auf die Originalverpackung *aufzukleben*[330] oder die Originalpackung mit einem *zusätzlichen Aufkleber*[331] zu versehen. Unter die Neuetikettierung eine zusätzliche Veränderung des Packungsinhalts zu fassen, lässt sich hieraus nicht ableiten. Vielmehr

329 LG Hamburg, BeckRS 2009 S.22868 – 327 O 27/08; ebenso *Lieck*, GRUR 2008, S.661 (664).

330 EuGH Rs. C-348/04, Boehringer/Swingward II, Slg. 2007 S.I-3391, Rn.31.

331 EuGH Rs. C-348/04, Boehringer/Swingward II, Slg. 2007 S.I-3391, Rn.32.

ergibt sich aus der Entscheidung des EuGH, dass eine Konstellation wie im Falle Rennie, in der zunächst ein Teil der Originalverpackungen aufgelöst werden muss, um die übrigen Originalverpackungen im Einfuhrstaat vertriebsfertig zu machen, gerade für eine Erforderlichkeit des Neuverpackens spricht. Denn der Parallelhändler ist eben nicht in der Lage, *die Waren* in der *gleichen Verpackung* zu vertreiben, sondern nur einen bestimmten Teil der Ware. Umso erstaunlicher ist es, dass der BGH davon ausgeht, seiner Lösung liege eine gesicherte Rechtssprechung des EuGH zu Grunde.[332]

Hinzu kommt, dass die Rennie-Entscheidung in krassem Widerspruch zur Stilnox-Entscheidung steht. Zwar hält der BGH selbst die beiden Fallkonstellationen für nicht vergleichbar.[333] In der Stilnox-Entscheidung begründet er seine Auffassung für die Notwendigkeit der Neuverpackung jedoch unter anderem damit, dass wenn die Packung geöffnet und ihr zwei Blister entnommen würden, die Originalpackung auch bezogen auf den in der Packung verbleibenden Blisterstreifen in einer Weise verändert sei, die tatsächliche Gefahren für die Herkunftsgarantie begründe.[334] Wie der BGH dann aber in einer Konstellation, in der zunächst 20 Prozent aller Originalpackungen aufgelöst und alle Blister daraus entnommen werden müssen, um sodann in einem zweiten Schritt alle übrigen Packungen ebenfalls zu öffnen und ihnen jeweils zwei Blister neu hinzuzufügen, eine solche Gefahr für die Herkunftsgarantie nicht zu erkennen vermag, ist nicht nachvollziehbar.

Im Ergebnis muss diese Entscheidung daher abgelehnt werden. Sie widerspricht der Rechtsprechung des EuGH. Die vom BGH im Urteil Stilnox vertretene Auffassung für das Abstocken muss auch für das Aufstocken gelten. Es besteht kein entscheidender Unterschied zwischen beiden Varianten, der ein anderes Ergebnis rechtfertigen könnte.[335] Beide Fallgestaltungen betreffen nur die Art und Weise des Umpackens.

c) Zusammenfassung

Nachdem der EuGH in der Vergangenheit betont hatte, der Eingriff in die Markenrechte müsse beim Umpacken möglichst gering bleiben, der

---

332 BGH, GRUR 2011, S.817 (819) – Rennie.

333 BGH, GRUR 2011, S.817 (819) – Rennie.

334 BGH, WRP 2007, S.1472 (1474) – Stilnox.

335 So auch die Vorinstanz zur Rennie-Entscheidung OLG Köln, BeckRS 2010 S.2122 ff. – Rennie aus Tschechien.

Händler müsse also grundsätzlich den mildesten Eingriff in die Rechte des Markeninhabers vornehmen, hat dies durch die Boehringer/Swingward II-Entscheidung eine erhebliche Änderung erfahren. Nunmehr geht es bei der Frage nach der Erforderlichkeit des Neuverpackens nur um die Prüfung, ob das Umpacken als solches erforderlich ist und nicht um die Art und Weise. Allerdings verweist der EuGH darauf, dass die Wahl zwischen Neuverpackung und Überkleben zusätzlich zu der Frage, ob überhaupt ein Umpacken erforderlich sei, an dem Kriterium der Erforderlichkeit zu messen sei.[336] Dies bedeutet, dass wie bisher eine Neuverpackung nicht erforderlich ist, wenn ein Überkleben ausreicht, um den Vertrieb im Einfuhrstaat zu ermöglichen.[337]

Durch die Boehringer/Swingward II-Entscheidung hat auch die Ungleichbehandlung zwischen Parallelimport und Parallelvertrieb an Brisanz verloren. Das Prinzip des geringstmöglichen Eingriffs und die Aventis-Entscheidung des EuGH führten bei der Frage der Erforderlichkeit des Umverpackens zu großen Unterschieden zwischen Parallelvertrieb und Parallelimport. Der Parallelimporteur durfte nur dann neu verpacken, wenn er den bisherigen Originalkarton nicht in zumutbarer Weise durch Auf- bzw. Abstocken, Bündeln und Anbringung neuer Etiketten weiter verwenden konnte. Dagegen durfte der Parallelgroßhändler schon dann umpacken, wenn die Verkehrsfähigkeit nicht allein durch das Anbringen neuer Etiketten erreicht werden konnte. Er konnte weder auf das Bündeln noch auf das Auf- oder Abstocken verwiesen werden, da dies regelmäßig nicht von der zentralen Zulassung des Herstellers gedeckt war.

In Zukunft wird der Markeninhaber aber auch den Parallelimporteur nicht mehr auf das Auf- oder Abstocken des Packungsinhalts verweisen können, da dies nicht das Umpacken als solches, sondern die Art und Weise betrifft. Gleiches gilt für die Kombination von Bündelungen mit gleichzeitiger Auf- oder Abstockung. Als milderes Mittel soll nur noch das Neuetikettieren gelten. Der Begriff des Neuetikettierens erfasst allerdings auch solche Fälle, in denen Originalpackungen gebündelt und mit neuen Aufklebern versehen werden können, ohne dass der Inhalt der Packung verändert werden muss. Dieser Grundsatz kann aber aufgrund der Aventis-Entscheidung nicht auf den Parallelvertrieb angewendet werden.

---

336 EuGH Rs. C-348/04, Boehringer/Swingward II, Slg. 2007 S.I-3391, Rn.38.

337 *Ulmar*, WRP 2007, S.920 (922).

Somit besteht bei der Frage nach der Erforderlichkeit der einzige Unterschied zwischen Parallelvertrieb und Parallelimport darin, dass der Parallelimporteur als milderes Mittel auf das Bündeln von Originalpackungen ohne weitere Veränderung des Inhalts der jeweiligen Packung verwiesen werden kann, wohingegen der Parallelgroßhändler auch in diesem Fall regelmäßig neu verpacken darf, es sei denn, der Hersteller hält für diese Packungsform eine eigene Zulassung.

2. *Nichtbeeinträchtigung des Originalzustandes*

Wie bereits dargelegt beschreibt die „Beeinträchtigung des Originalzustands der Ware" den Zustand der Ware in der Verpackung. Er wird vom EuGH nicht als beeinträchtigt betrachtet, wenn sich das Umpacken nur auf die äußere Verpackung bezieht, während die innere Verpackung unberührt bleibt, oder wenn das Umpacken von einer Behörde daraufhin überwacht wird, dass die einwandfreie Beschaffenheit der Ware gewährleistet ist.[338] Daraus ergibt sich, dass das Herausnehmen von Blisterstreifen, Flaschen, Ampullen oder Inhalatoren aus ihrer äußeren Originalverpackung und ihr Umpacken in eine neue äußere Verpackung den Originalzustand der in der Verpackung enthaltenen Ware nicht beeinträchtigen können.[339] Dasselbe gilt für das Anbringen von Aufklebern auf Flaschen, Ampullen oder Inhalatoren, das Einlegen eines neuen Beipack- oder Informationszettels in der Sprache des Einfuhrmitgliedstaats oder das Beilegen eines zusätzlichen Artikels (z.B. eines Sprühgeräts), der nicht vom Markeninhaber stammt.[340]

Das nationale Gericht hat jedoch zu prüfen, ob der Originalzustand der in der Verpackung enthaltenen Ware insbesondere dadurch mittelbar beeinträchtigt wird, dass die äußere oder innere Verpackung der umgepackten Ware oder ein neuer Beipack- oder Informationszettel bestimmte, wichtige Angaben nicht enthält oder aber unzutreffende Angaben enthält.[341]

---

338 EuGH verb. Rs. C-427,429,436/93 – Bristol-Myers Squibb, Slg. 1996 S.I-3457 Rn.60.

339 EuGH verb. Rs. C-427,429,436/93 – Bristol-Myers Squibb, Slg. 1996 S.I-3457 Rn.61.

340 Mitteilung der Kommission vom 30.12.2003 über Paralleleinfuhren von Arzneispezialitäten, deren Inverkehrbringen bereits genehmigt ist, KOM (2003) 839 endg., S.15.

341 EuGH Rs. C-232/94 – MPA Pharma, Slg. 1996 S.I-3671 Rn.37.

Es versteht sich von selbst, dass der Originalzustand eines zentral zugelassenen Arzneimittels ebenso wenig beeinträchtigt werden darf wie der eines national zugelassenen. Eine Differenzierung zwischen Parallelvertrieb und Parallelimport ist daher bei diesem Kriterium nicht erforderlich.

3. *Unterrichtung des Markeninhabers*

Nach der Rechtsprechung des EuGH muss der Parallelimporteur auf jeden Fall die Voraussetzung der vorherigen Unterrichtung (sog. Vorabinformation) beachten, um zum Umpacken der mit einer Marke versehenen Arzneimittel berechtigt zu sein. Außerdem muss er auf Verlangen des Markeninhabers vor dem Inverkehrbringen ein Muster der umgepackten Ware liefern. Dies ermöglicht dem Markeninhaber die Prüfung, ob das Umpacken nicht in einer Weise vorgenommen wird, die den Originalzustand der Ware unmittelbar oder mittelbar beeinträchtigt, und ob deren Aufmachung nach dem Umpacken nicht den Ruf der Marke schädigt. Zudem erleichtert dieses Erfordernis dem Markeninhaber, sich vor den Aktivitäten von Fälschern zu schützen.[342] Der Markeninhaber muss dabei eine angemessene Frist zur Reaktion auf das Umpackvorhaben bekommen, wobei ein Zeitraum von 15 Tagen vom EuGH als ausreichend erachtet wird. Da diese Frist nur Hinweischarakter hat, steht es dem Parallelhändler frei, eine kürzere Frist zu gewähren, und dem Markeninhaber, eine längere als die vom Parallelhändler eingeräumte Frist für die Reaktion in Anspruch zu nehmen.[343] Beachtet der Parallelhändler diese Voraussetzung nicht, so kann sich der Markeninhaber der Vermarktung des umgepackten Arzneimittels widersetzen. Es ist Sache des Parallelhändlers, den Markeninhaber selbst von dem beabsichtigten Umpacken zu unterrichten. Es genügt nicht, dass der Markeninhaber von anderer Seite unterrichtet wird, z. B. von der Behörde, die die Paralleleinfuhr genehmigt.[344] Daraus folgt, dass ein Parallelhändler, der die vorherige Unterrichtung des Markeninhabers bezüglich eines umgepackten Arzneimittels unterlassen hat, die Rechte dieses Inhabers bei jeder späteren Einfuhr dieses Arzneimittels verletzt, solange er ihn nicht unterrichtet.[345]

---

342 EuGH verb. Rs. C-427,429,436/93 – Bristol-Myers Squibb, Slg. 1996 S.I-3457 Rn.78.

343 EuGH, Rs. C-143/00 – Boehringer/Swingward, Slg. 2002 S.I-3759 Rn.67.

344 EuGH, Rs. C-143/00 – Boehringer/Swingward, Slg. 2002 S.I-3759 Rn.63/64.

345 EuGH, Rs. C-348/04 – Boehringer/Swingward II, Slg. 2007 S.I-3391 Rn.56.

Die Art der zu übermittelnden Angaben hängt von den Umständen des Einzelfalls ab. Nach der jüngsten Rechtsprechung des EuGH steht jedoch fest, dass nicht grundsätzlich vollumfänglich über alle Details wie z.B. die Angabe des Ausfuhrstaates informiert werden muss.[346] So ist es Sache des Parallelhändlers, dem Markeninhaber die Angaben zu übermitteln, die dafür notwendig und ausreichend sind, dass dieser überprüfen kann, ob die Umverpackung der durch die Marke geschützten Ware für deren Vertrieb im Einfuhrmitgliedstaat erforderlich ist.[347] Diese Grundsätze bestehen sowohl für die Vornahme des Parallelimports als auch für den Parallelvertrieb. Ein Unterschied zwischen zentral und national zugelassenen Arzneimitteln ist damit nicht gegeben.

4. *Angaben des umpackenden Unternehmens und des Herstellers der Ware*

Auf der neuen Verpackung muss klar angegeben werden, von wem das Arzneimittel umgepackt worden ist und wer der Hersteller ist. Diese Angaben müssen so aufgedruckt sein, dass sie ein normalsichtiger Verbraucher bei Anwendung eines normalen Maßes an Aufmerksamkeit verstehen kann.[348] Dabei ist von besonderer Bedeutung, dass dem Verkehr klar ist, dass der Parallelhändler nicht der Hersteller ist und auch nicht zu dessen Konzern gehört.[349] Daraus ergibt sich gleichzeitig, dass die Herstellerangabe nicht genauer sein muss, als sie vom Markeninhaber auf der Originalverpackung selbst vorgenommen worden ist.[350] Denn dieser in der Regel nicht unerhebliche Aufwand würde zu einer unnötigen, nicht mehr hinnehmbaren Erschwernis des Parallelhandels führen.[351] Neben dem Verständnis muss auch die erforderliche Klarheit gegeben sein. So erfüllt der Parallelhändler nicht seine Pflicht, wenn er zwar generell einen Hinweis anbringt, diesen aber drucktechnisch so klein hält, dass schon die Lesbarkeit bezweifelt werden kann, oder wenn Angaben ausschließlich auf den jeweiligen Unterseiten der Verpackungen befinden, auf denen die Verpackung jedoch regelmäßig steht. In diesem Fall ist der Herstellerhinweis, wenn auch nicht gänzlich „un-

---

346 EuGH, Rs. C-276/05 – Wellcome/Paranova, Slg. 2008 S.I-10479, 35.

347 EuGH, Rs. C-276/05 – Wellcome/Paranova, Slg. 2008 S.I-10479, 34.

348 EuGH verb. Rs. C-427,429,436/93 – Bristol-Myers-Squibb, Slg. 1996 S.I-3457 Rn.79.

349 OLG Hamburg, GRUR 2002, S.890 (892) – Fertigspritzen-Bündelpackung.

350 OLG Hamburg, GRUR 2001, S.427 (429) – Pulmicort I.

351 OLG Hamburg, GRUR 2001, S.427 (430) – Pulmicort I.

sichtbar", so doch nicht hinreichend deutlich, um den tatsächlichen Hersteller der jeweiligen Produkte erkennbar zu machen.[352]

Auch diese Grundsätze lassen sich sowohl auf Fälle des Parallelvertriebs[353] als auch des Parallelimports anwenden.

5. *Keine rufschädigende Aufmachung*

In der Bristol-Myers-Squibb-Entscheidung führte der EuGH aus, bei Arzneimitteln handele es sich um einen sensiblen Bereich, in dem die Öffentlichkeit besonderen Wert auf die Qualität und die einwandfreie Beschaffenheit der Ware lege, und die Aufmachung der Ware könne tatsächlich geeignet sein, insoweit das Vertrauen der Öffentlichkeit zu erwecken. Folglich könne der Ruf der Marke durch eine Verpackung, die schadhaft, von schlechter Qualität oder unordentlich ist, geschädigt werden.[354] Ein Paradebeispiel hierfür stellt das Urteil des OLG Frankfurt a.M. aus dem Jahr 1998 dar. Um eine 100er Packung Dragees herzustellen, befestigte ein Parallelimporteur zwei Originalpackungen mit jeweils 60 Dragees durch zwei handelsübliche Klebestreifen aneinander und schnitt zwei Blisterstreifen so zurecht, dass er die gewünschte Größe erreichte. Das OLG Frankfurt a.M. bejahte eine Markenrechtsverletzung wegen Rufbeeinträchtigung. Die Verpackung des von den Beklagten vertriebenen Arzneimittels sei zwar weder schadhaft noch von schlechter Qualität. Sie sei jedoch in ihrer konkreten Aufmachung unordentlich in dem Sinn, dass die umgepackte Ware geeignet sei, den guten Ruf der Marke zu schädigen. Diesen Eindruck vermittele zunächst der Umstand, dass die beiden Packungen mit je 50 Dragees lediglich mit zwei durchsichtigen Klebestreifen gebündelt wären, die an ihren Rändern – wie bei einfachen Klebestreifen häufig – leicht verschmutzt und das Arzneimittel dadurch wenig gepflegt erscheinen ließen. Das gelte auch deshalb, weil die Klebestreifen an den Enden deutlich sichtbar kleine Zähne aufwiesen, woraus der Verbraucher unschwer erkennen könne, dass die beiden Packungen mit Hilfe einer Abrollvorrichtung für den Klebestreifen behelfsmäßig, nicht aber nachhaltig und ordentlich zusammengefügt wor-

---

352 LG Hamburg, JNOZ 2010, S.437 (438) – Verborgener Herstellerhinweis.

353 Siehe auch EMA, Post-authorisation Guidance on Parallel Distribution, Frage 15 und 16, S.21/22 (EMEA/Ho/2368/Rev 4), (abrufbar unter: http://www.ema.europa.eu/docs/en_GB/document_library/Regulatory_and_procedural_guideline/2009/10/WC500005178.pdf).

354 EuGH verb. Rs. C-427,429,436/93 – Bristol-Myers-Squibb, Slg.1996 S.I-3457 Rn.76.

den wären. Dieser Eindruck von der äußeren Verpackung setze sich für den Verbraucher fort, wenn er in der einzelnen Packung neben unversehrten Blisterstreifen einen schräg abgeschnittenen Teil eines Blisterstreifens vorfinde, der in den Augen des Verbrauchers ohne Rücksicht auf die auf der Rückseite aufgedruckten Angaben und ohne Bemühen um eine ansehnliche Form beschnitten erschiene. Das äußere und innere Gesamtbild der Bündelpackung wirke danach ungepflegt, unordentlich und erinnere an eine Sparpackung, für die mit einem Sonderpreis, nicht aber mit einer bestimmten Qualität geworben werde.[355]

In der Boehringer/Swingward II-Entscheidung hat der EuGH die Umstände, die den Ruf der Marke schädigen können, weiter ausgedehnt. So führt er aus, er habe sich in der Bristol-Myers-Squibb-Entscheidung darauf beschränkt, einige Beispiele zu nennen, in denen eine unangemessene Aufmachung der umgepackten Ware den Ruf der Marke oder ihres Inhabers schädigen könne.[356] Die Aufmachung eines umgepackten Arzneimittels könne insbesondere in dem Fall unangemessen sein und folglich dem Ansehen der Marke schaden, in dem die Verpackung oder der Aufkleber zwar nicht schadhaft, von schlechter Qualität oder unordentlich, aber so beschaffen seien, dass sie den Wert der Marke beeinträchtigten, indem sie das mit einer solchen Ware verbundene Image der Zuverlässigkeit und Qualität sowie das Vertrauen, das sie bei den betroffenen Verkehrskreisen wecken kann, schädigten.[357] Dies könne möglich sein, wenn der Parallelimporteur die Marke nicht auf dem neuen äußeren Karton anbringe ("De-Branding") oder entweder sein eigenes Logo oder Firmenmarkenzeichen, eine Firmenaufmachung oder eine für eine Reihe verschiedener Waren verwendete Aufmachung für den neuen äußeren Karton verwende ("Co-Branding"). Dies gelte ebenso, wenn er entweder einen zusätzlichen Aufkleber so anbringe, dass die Marke des Inhabers ganz oder teilweise überklebt wird oder auf dem zusätzlichen Aufkleber nicht den Inhaber der Marke angebe oder den Namen des Parallelimporteurs in Großbuchstaben schreibe.[358] Ob die dargestellten Umstände so seien, dass sie den Ruf der Marke schädigen könnten, sei eine Tatsachenfrage, über die nach dem jeweiligen Sachverhalt zu entscheiden Sache des nationalen Gerichts sei.[359] Hiermit macht der EuGH

---

[355] OLG Frankfurt a.M., WRP 1998, S.629 (632) – Unordentliche Bündelpackung.

[356] EuGH Rs. C-348/04 – Boehringer Swingward II, Slg. 2007 S.I-3391 Rn.42.

[357] EuGH Rs. C-348/04 – Boehringer Swingward II, Slg. 2007 S.I-3391 Rn.43.

[358] EuGH Rs. C-348/04 – Boehringer/Swingward II, Slg. 2007 S.I-3391 Rn.45.

[359] EuGH Rs. C-348/04 – Boehringer/Swingward II, Slg. 2007 S.I-3391 Rn.46.

deutlich, dass die Art und Weise des Umpackens auch künftig gewissen Regeln unterliegt. Die dem Parallelhändler eingeräumte Gestaltungsfreiheit darf folglich nicht dazu genutzt werden, den Ruf der Originalmarke zu schädigen.

Abgesehen von der ordentlichen Aufmachung wird die Prüfung der Rufschädigung demnach zumeist dann relevant, wenn der Parallelhändler neue Verpackungen verwenden darf und die Aufmachung des Verpackungsdesigns wählen muss. Der Parallelhändler kann hier unterschiedliche Ziele verfolgen. So kann er zunächst eine identische Übernahme des Originaldesigns wünschen. Umgekehrt kann er aber auch wollen, dass sich sein eingeführtes Produkt von dem des Originals unterscheidet. Dazu kann er im Sinne des Co-Branding ein verändertes Design anbringen, um so unter Umständen eine eigene Produktlinie zu erstellen. Zuletzt kann er das Arzneimittel auch in einer neutralen Packung auf den Markt bringen, also gänzlich auf ein Design verzichten.

Im Folgenden soll geprüft werden, inwieweit diese Maßnahmen des Parallelhändlers zu einer Rufschädigung führen können. Dabei wird zunächst auf die Übernahme des Originalverpackungsdesigns eingegangen, das Co-Branding und die Verwendung einer neutralen Packung werden gemeinsam als Veränderung des Verpackungsdesigns geprüft. Da es beim vom EuGH ebenfalls angesprochenen De-Branding nicht um ein Umpacken im eigentlichen Sinne, sondern um ein Verändern der Bezeichnung handelt, soll es als Variante des Re-Branding[360] erst unter Kapitel 2 Abschnitt B. erörtert werden.

a) Übernahme des Originalverpackungsdesigns

Zunächst stellt sich die Frage, ob der Parallelhändler das Originalverpackungsdesign übernehmen darf. Ist dieses nicht markenrechtlich geschützt, steht dem grundsätzlich nichts entgegen. Fraglich ist aber, ob auch geschütztes Design übernommen werden darf. Markenschutz kann das Design als eingetragene Bild- oder Wort-/Bildmarke erhalten. Zudem kann das Design nach § 4 Nr.2 MarkenG kraft Verkehrsgeltung zur Benutzungsmarke geworden sein.

---

360 *Römhild,* MarkenR 2002, S.105 (110).

aa) Alte Rechtslage: BGH - Aspirin

Ein solcher Fall von Verkehrsgeltung lag auch der Aspirin-Entscheidung des BGH aus dem Jahr 2002 zu Grunde.[361] Ein Parallelimporteur führte Arzneimittel in neuen Verpackungen nach Deutschland ein und verwendete neben der Originalmarke eine Verpackungsgestaltung, die mit der Originalverpackung nicht in allen Einzelheiten übereinstimmte. Diese Originalverpackungen erfüllten jedoch die Voraussetzung der Verkehrsgeltung.

Der Arzneimittelhersteller machte geltend, der Parallelimporteur greife mit seiner neuen Verpackung in die Rechte seiner Ausstattungsmarken ein. Die Einrede der Erschöpfung greife nicht, weil die Ausstattung der von ihm verwendeten eigenen Umverpackungen nicht vollständig identisch mit denjenigen Verpackungsgestaltungen sei, unter denen er, der Hersteller, die Arzneimittel in den Verkehr gebracht habe. Im übrigen könne er sich jedenfalls dem Vertrieb aus berechtigten Gründen widersetzen, da die vom EuGH entwickelten Grundsätze über das Umpacken und die Neukennzeichnung von Arzneimitteln nur auf die Bezeichnung, nicht aber auch auf Ausstattungsmarken anzuwenden seien. Für einen ungehinderten Vertrieb der importierten Arzneimittel sei es nicht erforderlich, die neuen Umverpackungen neben der Originalbezeichnung auch noch mit der Originalaufmachung zu versehen.[362] Demgegenüber machte der Parallelimporteur geltend, er sei nach den markenrechtlichen Erschöpfungsregeln berechtigt, auf den von ihm verwendeten neuen Umverpackungen auch die jeweilige ursprüngliche Ausstattung zu benutzen. Insbesondere könne er nicht zu einer neutralen Verpackung gezwungen werden, während er in den Fällen, in denen die Packungsgröße im Inland und im Exportland gleich sei, nach der Rechtsprechung des EuGH gehalten sei, in die Originalverpackung – einschließlich ihrer Aufmachung – so wenig wie möglich einzugreifen. Dass die von ihm gewählte Verpackungsgestaltung mit der Originalverpackung nicht in allen Einzelheiten übereinstimme, schade nicht, zumal dadurch dem Verkehr die Unterscheidung von Importpackung und Originalpackung erleichtert werde.[363]

Der BGH erklärte zunächst, die vom EuGH entwickelten Kriterien seien nicht nur dann anwendbar, wenn der Parallelimporteur auf der neuen

---

361 BGH, WRP 2002, S.1273 ff – Aspirin.

362 BGH, WRP 2002, S.1273 (1274) – Aspirin.

363 BGH, WRP 2002, S.1273 (1274) – Aspirin.

Umverpackung wieder die markenrechtlich geschützte Originalbezeichnung anbringe, sondern auch dann, wenn er sie mit der im Ausfuhrland verwendeten Ausstattung versehe. Zwar habe die MRRL lediglich das Recht der eingetragenen Marken harmonisiert, hieraus könne aber nicht entnommen werden, dass markengesetzliche Vorschriften, die – wie § 24 MarkenG – sowohl für eingetragene als auch für nicht eingetragene Marken gelten, je nachdem, welche Markenart in Frage stünde, unterschiedlich ausgelegt werden müssten oder auch nur könnten. Vielmehr sei davon auszugehen, dass der Gesetzgeber des Markengesetzes derartige Vorschriften nur einheitlich verstanden wissen wolle.[364] Das bedeute, dass weder die Geltendmachung einer eingetragenen Wortmarke noch die einer Benutzungsmarke zu einer künstlichen Abschottung der Märkte dienen dürfe.[365] Demgemäß würde dem Parallelimporteur der tatsächliche Zugang zu den Märkten des Einfuhrmitgliedstaates behindert, falls ihm verboten würde, die Benutzungsmarke wieder anzubringen. Dürfe er eine Neuverpackung herstellen, dann sei es auch erforderlich, diese mit den im Ausfuhrmitgliedstaat verwendeten Kennzeichnungen zu versehen. Für die Wiederanbringung der Originalbezeichnung sei dies selbstverständlich, für die Ausstattung könne nichts anderes gelten. Insbesondere sei mit einem Verweis auf eine neutrale Verpackung eine unzumutbare Behinderung verbunden, da die Absatzchancen des Importarzneimittels hierdurch deutlich beeinträchtigt würden. Gerade wenn die Verpackungsausstattungen im Verkehr eine solche Bekanntheit besäßen, dass sie sich als Herkunftshinweis i.S. des § 4 Nr.2 MarkenG durchgesetzt hätten, würden die Abnehmer einem Erzeugnis, das zwar die Originalbezeichnung, nicht aber die bekannten Ausstattungsmerkmale aufweise, mit einem gewissen Misstrauen begegnen. Soweit nicht sogar Zweifel aufkämen, ob das Arzneimittel überhaupt von der Klägerin bzw. aus deren Konzern stamme, könne jedenfalls der Eindruck entstehen, es handele sich möglicherweise um eine besondere, mit dem im Inland gewohnten Erzeugnis nicht in jeder Hinsicht vergleichbare Produktionslinie.[366] Zudem könnten sich die Vorbehalte des Verkehrs gegenüber einer neutralen Verpackung auch nachteilig auf den Ruf des Arzneimittelherstellers selbst auswirken. Danach müssten in den Fällen einer zulässigen Neuverpackung die Wiederanbringung der bisherigen Kennzeichnungen einschließlich der Ausstat-

---

364 BGH, WRP 2002, S.1273 (1276) – Aspirin.

365 BGH, WRP 2002, S.1273 (1277) – Aspirin.

366 BGH, WRP 2002, S.1273 (1277) – Aspirin.

tungsmarke gegenüber den sich sonst bietenden Alternativen ("neutrale" Verpackung oder Anbringung eigener Ausstattungsmerkmale) als der schonendste Weg eines im Interesse des freien Warenverkehrs grundsätzlich zulässigen Umverpackens durch den Importeur angesehen werden.[367]

Im Ergebnis lehnte der BGH aber eine Erschöpfung ab, da die Verpackung des Parallelimporteurs nicht vollends mit der Originalverpackung identisch sei. Durch die verwechselbar ähnliche Aufmachung könne eine Erschöpfung nicht eingetreten sein, da der Hersteller das Arzneimittel nicht zuvor "unter der Marke" in den Verkehr gebracht habe und damit die Herkunftsfunktion der hier im Sinne einer Zweitmarke verwendeten Benutzungsmarken durch die verwechselbar ähnliche Aufmachung des Parallelimporteurs im Sinne einer Verwechslungsgefahr nach § 14 Abs.2 Nr.2 MarkenG berührt werde.[368] Er gab damit der Vorinstanz recht, die nur die Möglichkeit bejahte, die Kennzeichnung, mit der der Markeninhaber zuvor selbst die Verpackung versehen habe, in unveränderter Form erneut auf der neuen Verpackung anzubringen. Denn ansonsten liefe der Markeninhaber Gefahr, dass durch – und seien es auch nur geringfügige – Modifikationen der Kennzeichnung im Rahmen des Umpackens und des Neukennzeichnens das Gesamterscheinungsbild der Marke gewissermaßen "zerfasert" und dadurch beeinträchtigt werde.[369]

bb) Neue Rechtslage: BGH - Micardis

Im Dezember 2007 – und damit nach der Boehringer/Swingward II-Entscheidung des EuGH – beschäftigte sich der BGH erneut mit der Problematik.[370] Diesmal ging es um ein zentral zugelassenes Herz-/Kreislaufmittel, für welches die Herstellerin das Design auf der Schauseite der Verpackung als deutsche Wort-/Bildmarke und der entsprechenden Gemeinschaftsmarke geschützt hatte. Da die Packungsgrößen des Einfuhrstaats nicht denen des Ausfuhrstaats entsprachen, packten die Parallelgroßhändler die Arzneimittel für den Vertrieb in von ihnen hergestellte Packungen um und gaben durch einen an der Bezeichnung "Micardis" angebrachten Sternchenhinweis an, dass "Micardis" eine eingetragene Marke der Herstellerin sei. Ferner wiesen sie darauf hin, dass

---

367 BGH, WRP 2002, S.1273 (1278) – Aspirin.

368 BGH, WRP 2002, S.1273 (1278) – Aspirin.

369 Begründung der Vorinstanz, OLG Frankfurt a.M., GRUR Int. 2000, S.366 (369) – Erschöpfung der Ausstattungsmarke.

370 BGH, WRP 2008, S.944 ff. – Micardis.

die Klägerin die Herstellerin des Arzneimittels sei, dieses aber von ihnen eingeführt und umgepackt worden sei sowie parallel vertrieben werde. Im Übrigen entsprach die Gestaltung der hergestellten Umverpackungen der Ausstattung der Packungen der Herstellerin, die darin einen Verstoß ihrer Markenrechte erblickte.

Der BGH verneinte das. Entgegen der Ansicht der Klägerin komme es insoweit nicht darauf an, ob die Verwendung der durch die Marken geschützten Gestaltung erforderlich sei, um die Arzneimittel im Inland vertreiben zu können. Soweit seiner Argumentation bzgl. der beeinträchtigten Absatzchancen des Parallelgroßhändlers in der vorangegangenen Aspirin-Entscheidung entnommen werden könne, dass es für die Frage der Wiederanbringung der geschützten Kennzeichen darauf ankomme, ob dies erforderlich sei, um die Verkehrsfähigkeit des Arzneimittels im Inland herzustellen, werde daran nicht festgehalten.[371] Sofern das Umpacken – wie hier – als solches erforderlich sei, sei vielmehr nur zu prüfen, ob die neue Umverpackung, mit der die Parallelgroßhändler die Ware versähen, berechtigte Interessen der Markeninhaberin beeinträchtige. Dies sei insbesondere dann der Fall, wenn das Umpacken den Originalzustand des Arzneimittels oder den Ruf der Marke schädige. Das umgepackte Arzneimittel sei unstreitig nicht so aufgemacht, dass der Ruf der Marke der Klägerin geschädigt werde. Auch seien die weiteren Voraussetzungen, die nach der Rechtsprechung des Gerichtshofs der Europäischen Gemeinschaften beim Vertrieb parallel importierter Arzneimittel zu beachten seien, unstreitig erfüllt. Soweit geltend gemacht werde, die Parallelgroßhändler erweckten durch die Verwendung der Ausstattung der Herstellerin den Eindruck, sie gehöre dem Vertriebsnetz der Klägerin an oder zwischen den Unternehmen bestehe eine besondere Beziehung, könne dem nicht gefolgt werden. Die Parallelgroßhändler wiesen auf der Verpackung deutlich darauf hin, dass das Arzneimittel von ihnen eingeführt, umgepackt und parallel vertrieben werde, und die Klägerin die Herstellerin des Arzneimittels sei. Diese Angaben stünden der Annahme entgegen, für die angesprochenen Verkehrskreise entstehe der Eindruck, die Parallelgroßhändler stünden in einer geschäftlichen Beziehung zu der Herstellerin und seien von dieser zur Verwendung der Ausstattungsmerkmale der Packung ausdrücklich ermächtigt. Dem Interesse der Markeninhaberin, für den Verkehr deutlich zu machen, dass für die Herstellung der Ware und für deren Vertrieb nach dem

---

371 BGH, WRP 2008, S.944 (946) – Micardis.

Umpacken unterschiedliche Unternehmen verantwortlich sind, sei mit diesen Angaben hinreichend genüge getan.[372]

cc) Zusammenfassung

Zunächst ist dem Ergebnis des BGH in seiner Micardis-Entscheidung, durch die geänderte Rechtsprechung des EuGH komme es, anders als noch in der Aspirin-Entscheidung, nicht darauf an, ob die Wiederanbringung der geschützten Kennzeichen erforderlich ist, um die Verkehrsfähigkeit des importierten Arzneimittels im Inland herzustellen, zuzustimmen. Die Voraussetzung, dass das Umpacken des Arzneimittels insbesondere durch dessen Neuverpackung für seinen weiteren Vertrieb im Einfuhrmitgliedstaat erforderlich ist, betrifft nur das Umpacken als solches und nicht die Art und Weise, in der es vorgenommen wird. Damit betrifft die Voraussetzung der Erforderlichkeit nicht die Art der Gestaltung dieser neuen Verpackung. Sie ist folglich auch nicht an dem Kriterium des geringstmöglichen Eingriffs in das Markenrecht zu messen. Anzunehmen, dass nicht zu prüfen wäre, ob die von dem Parallelhändler gewählte Art der Gestaltung der neuen Verpackung der betroffenen Ware für deren weiteren Vertrieb erforderlich ist, und zugleich zu verlangen, dass sie dem Kriterium des geringstmöglichen Eingriffs in das Markenrecht genügen muss, erscheint auch nicht nachvollziehbar. Der Schutz des Markeninhabers hinsichtlich der von dem Parallelhändler gewählten Art der Gestaltung der Verpackung des Arzneimittels wird grundsätzlich durch die Einhaltung der Voraussetzung sichergestellt, dass das umgepackte Arzneimittel nicht so aufgemacht sein darf, dass dadurch der Ruf der Marke und ihres Inhabers geschädigt werden kann.[373]

Der Parallelhändler darf mithin neben ungeschütztem auch markenrechtlich geschütztes Verpackungsdesign für seine eigenen Verpackungen nutzen. Wird das Design identisch übernommen und kommt der Parallelhändler seiner Pflicht nach, Angaben über den Hersteller und den Umpackenden aufzudrucken, ist eine Rufschädigung in dieser Konstellation regelmäßig auszuschließen. Wie schon die Tatsache zeigt, dass die Micardis-Entscheidung ein zentral zugelassenes Arzneimittel betrifft, kann in diesem Fall kein Unterschied zwischen national und zentral zugelassenen Produkten bestehen.

---

372 BGH, WRP 2008, S.944 (947) – Micardis.

373 Vgl. hierzu auch EuGH Rs. C-276/05 – Wellcome/Paranova, Slg. 2008 S.I-10479 Rn.25 ff.

b) *Veränderung des Verpackungsdesigns – insbesondere Co-Branding*

Als zweite Alternative kann der Parallelhändler sein eigenes Verpackungsdesign benutzen. Im Blickpunkt steht hier insbesondere das Co-Branding. Der Terminus leitet sich aus den Begriffen Kooperation (Co) und Marke (Brand) ab.[374] Es zeichnet sich dadurch aus, dass ein Produkt nicht nur mit der eingeführten Marke des Markeninhabers versehen, sondern zusätzlich mit einer anderen Marke eines anderen Unternehmens markiert wird.[375] Kernelement der Co-Branding-Strategie ist das Bestreben, durch die zusätzliche Markierung der Leistung einen Goodwill bzw. Imagetransfer zu initiieren. Gelingt dies, kann durch die Übertragung des Images der Kooperationsmarke ein psychologischer Mehrwert für den Konsumenten geschaffen werden, der das wahrgenommene Preis-Leistungs-Verhältnis verbessert und damit zur Differenzierung im Wettbewerb beiträgt. Zudem stellt das Co-Branding eine erfolgsversprechende Grundlage für die systematische Erschließung des Kundenstamms des jeweiligen Kooperationspartners dar.[376]

Auch im Bereich des Parallelhandels ist das Co-Branding als solches möglich. So kann der Parallelhändler die von ihm eingeführten Waren weiter unter der Marke des Herstellers vertreiben, aber es mit einem einheitlichen, eigenen Produktauftritt versehen. Die Varianten ergeben sich aus den unterschiedlichsten Firmenschlagwörtern und -logos sowie der Farbgestaltung. Häufig wird auch die Farbkennzeichnung der Ausstattung der inländischen Originalpackmittel übernommen.[377] Regelmäßig besteht aber keine Kooperation zwischen Parallelhändler und dem Hersteller. Die das Co-Branding normalerweise ausmachende gemeinsame Strategie der beiden ist nicht gegeben. Vielmehr profitiert allein der Parallelhändler vom Image des Herstellers und nicht umgekehrt. Sein Co-Branding kann zur Folge haben, dass nicht nur die gedankliche Verbindung der Marke zum Hersteller zerstört wird, sondern dass bei einzelnen Arzneimitteln, die häufig Gegenstand des Parallelhandels sind, die Gefahr besteht, dass die Marke nur noch mit dem Parallelhändler in Verbindung gebracht und der durch den Hersteller mit seinem Arzneimittel geschaffene Goodwill somit ausgebeutet wird.[378]

---

374 *Vogel/Huber*, Co-Branding, S.5.

375 *Fezer*, Markenrecht, § 3 MarkenG, Rn.25.

376 *Benkenstein/Beyer*, in Swoboda/Zentes/Morschett, Strategien, Allianzen, Netzwerke, S.813.

377 *Römhild*, MarkenR 2002, S.105 (110).

378 *Douglas*, Die markenrechtliche Erschöpfung, Rn.514.

Zur Frage, in welchem Umfang und in welcher Art und Weise ein Co-Branding vorgenommen werden darf, nahm die Rechtsprechung in den letzten Jahren bereits teilweise Stellung. Wiederum ist hier zwischen geschütztem und ungeschütztem Verpackungsdesign zu unterscheiden.

aa) Ungeschütztes Verpackungsdesign

Ohne dass es auf den markenrechtlichen Schutz des Verpackungsdesigns ankam, wurde das Co-Branding bis 2007 von der deutschen Rechtsprechung regelmäßig abgelehnt. So führte das OLG Hamburg in seinem 2004 ergangenen Urteil zu der Frage aus, ob der Parallelimporteur neben dem normalen Umpackhinweis einen weiteren, mit einer Schriftzugmarke versehenen Hinweis anbringen dürfe, dies sei nicht notwendig, um eine im Inland vertriebsfähige Packung zu schaffen. Der Importeur dürfe Änderungen an der mit einer fremden Marke versehenen Verpackung nur vornehmen, soweit diese notwendig seien, um eine im Einfuhrmitgliedstaat vertriebsfähige Packung herzustellen. Jede darüber hinaus gehende Änderung müsse der Markeninhaber als Eingriff in sein Markenrecht nicht hinnehmen.[379] Die Wiederholung des Hinweises unter Hinzufügung des Firmenlogos könne nur bezwecken, dem Parallelimporteur im Wettbewerb mit einem ins Auge fallenden Erkennungszeichen zu profilieren. Diese Veränderung diene ausschließlich dem wirtschaftlichen Fortkommen und sei kein Grund, Veränderungen der Packung zuzulassen.[380] Nach der Boehringer/Swingward II-Entscheidung des EuGH setzte jedoch auch hier ein Wandel ein, der bereits zu neuen Entscheidungen der deutschen Rechtsprechung geführt hat.

(1) BGH - Stilnox

In dem bereits dargestellten BGH-Urteil „Stilnox“[381] ging es neben der Frage, ob der Parallelimporteur neu verpacken dürfe, auch darum, ob er die neue Verpackung des eingeführten Arzneimittels in einer anderen Gestaltung auf den Markt bringen dürfe als der Hersteller. Hintergrund war, dass das Arzneimittel vom Originalhersteller in Deutschland mit blauer Schrift und mit vier senkrechten blauen Streifen, die nach links hin heller und schmaler wurden, auf den Markt brachte. Die vom Parallelimporteur eingeführten Packungen aus Spanien besaßen jedoch eine

379 OLG Hamburg, PharmR 2007, S.168 (171) – Co-Branding.

380 OLG Hamburg, PharmR 2007, S.168 (172) – Co-Branding.

381 Kapitel 2 A. IV. 1. b) aa).

rote Schrift und horizontale Streifen, die von ihm aus Griechenland eingeführte Ware war ebenfalls rot aufgemacht, jedoch mit diagonalen Streifen. In Anlehnung an das deutsche Originaldesign versah der Parallelimporteur die neuen Verpackungen mit blauer Schrift und einem einzelnen senkrechten blauen Streifen.

Der BGH stellte heraus, dass, anders als im Falle der Aspirin-Entscheidung, der Originalhersteller hier nicht über eine Benutzungsmarke verfüge, so dass dies bei der Frage nach der Verpackungsgestaltung außer Acht gelassen werden könne.[382] Da das Umpacken als solches erforderlich war, beschränkte er sich bei der Prüfung, ob die Beklagte die neue Umverpackung mit dem von der Klägerin beanstandeten Design versehen dürfe, darauf, ob durch die Art und Weise des Umpackens berechtigte Interessen der Klägerin als Markeninhaberin beeinträchtigt werde, insbesondere der Ruf der Marke geschädigt werde.[383] Der Annahme des Berufungsgerichts, die Gestaltung der Verpackung des Parallelimporteurs sei der des Herstellers in einer Weise angenähert, dass dies vermuten lasse, der Hersteller habe die Packung geschaffen und erscheine daher auf dem Markt als ein Unternehmen, das ein einheitliches Verpackungsdesign nicht erreichen könne, sei nicht zu folgen.[384] Komme der Parallelimporteur wie hier der Voraussetzung nach, auf der Packung deutlich darauf hinzuweisen, von wem die Ware umgepackt worden sei, stehe dies der Annahme entgegen, die Verpackung erwecke den Eindruck, der Hersteller habe sie selbst geschaffen. Im Übrigen müsse der Hersteller einen uneinheitlichen Marktauftritt durch eine unterschiedliche Gestaltung der Verpackungen sowie der von Parallelimporteuren verwendeten Verpackungen hinnehmen, soweit dies lediglich eine Folge dessen sei, dass die Marke für erschöpfte Waren unter den Voraussetzungen der Rechtsprechung des EuGH auch von Parallelimporteuren verwendet werden dürfe.[385]

(2) BGH - Lefax/Lefaxin

Die ein Jahr nach „Stilnox" erfolgte Lefax/Lefaxin-Entscheidung[386] des BGH beschäftigte sich neben der später unter B. I. zu erörternden so genannten „Zwei-Marken-Strategie" ebenfalls mit der Frage, wie der

---

382 BGH, WRP 2007, S.1472 (1476) – Stilnox.

383 BGH, WRP 2007, S.1472 (1475) – Stilnox.

384 BGH, WRP 2007, S.1472 (1475) – Stilnox.

385 BGH, WRP 2007, S.1472 (1475) – Stilnox.

386 BGH, WRP 2008, S.1557 ff. – Lefax/Lefaxin.

Parallelimporteur seine neu hergestellte Verpackung gestalten dürfe. Hier hatte er, ähnlich wie im dargestellten Fall des OLG Hamburg 2004, auf der Seitenlasche neben dem Verpackungshinweis sein Firmenlogo angebracht. Der BGH verneinte auch hier eine Markenrechtsverletzung des Parallelimporteurs. Sein Unternehmenslogo befinde sich im unmittelbaren räumlichen Zusammenhang mit dem Verpackungshinweis. Der Verkehr, dem der Vertrieb von parallelimportierten Arzneimitteln und die dabei seit langem verwendeten Angaben grundsätzlich bekannt seien, werde darin erfahrungsgemäß nur einen Bestandteil des nicht nur zulässigen, sondern sogar erforderlichen Hinweises sehen, dass der Parallelimporteur das Arzneimittel eingeführt und umgepackt habe und als Parallelimporteur im Inland vertreibe. Die Aufmachung der Verpackungsgestaltung führe daher weder zu einer unzulässigen Rufschädigung der Klagemarke noch werde deren Herkunftsfunktion in unzulässiger Weise beeinträchtigt.[387]

(3) OLG Hamburg – Co-Branding

Zuletzt äußerte sich im Juni 2009 erneut das OLG Hamburg. In diesem Fall hatte der Parallelimporteur auf der Verpackung in roten Großbuchstaben und wegen der Hervorhebung ins Auge fallend sein Firmenlogo auf der Schauseite der Verpackung angebracht. Dies war überschrieben mit der kleiner gehaltenen Angabe „Pharmazeutischer Unternehmer". Daneben fand sich der Umpackvermerk. Zum Klagegrund trug die Herstellerin vor, durch die Art der Verpackungsgestaltung mit dem hervorgehoben erfolgenden Co-Branding sei für den Patienten der Eindruck unvermeidbar, dass bei dem Vertrieb der Packung auf dem deutschen Markt eine Kooperation zwischen ihr und dem Parallelimporteur bestehe. Dieser Eindruck der Kooperation sei bereits für sich genommen nicht hinzunehmen. Hinzukomme, dass die gedankliche Assoziation einer Zusammenarbeit des Parallelimporteurs und des Originalherstellers bei dem Patienten den Eindruck hervorrufen könne, dass der Originalhersteller ein sozusagen „doppeltes Spiel" treibe und sowohl an dem teuren Originalprodukt als auch noch an dem Parallelimport gewinnbringend partizipiere.[388] Das OLG Hamburg ließ die Begründung nicht zu. Selbst dann, wenn der Verkehr der Fehlvorstellung einer Kooperation zwischen den Parteien unterliegen sollte, stelle dies allein noch keine Ruf-

---

387 BGH, WRP 2008, S.1557 (1560) – Lefax/Lefaxin.

388 OLG Hamburg, GRUR-RR 2010, S.43 (44) – Co-Branding.

schädigung dar.[389] Auch der Gesichtspunkt des doppelten Gewinnstrebens an sich sei nicht geeignet, eine Rufbeeinträchtigung zu begründen.[390] In einer auf Gewinnstreben aufbauenden Wirtschaftsordnung sei es nicht unüblich, bei gespaltener Preispolitik „zweifach" zu verdienen. Im Arzneimittelmarkt komme hinzu, dass eine gespaltene Preispolitik infolge des Einkommensgefälles in der EU im Interesse erkrankter Bürger in ärmeren Mitgliedstaaten notwendig sein könne, indem etwa billige Abgabepreise in bestimmten Mitgliedstaaten durch höhere Preise in anderen Mitgliedstaaten subventioniert würden. Wenn aber eine solche Subventionsnotwendigkeit bestünde, dann werde der Bürger möglicherweise eher den Parallelimport als anrüchig ansehen, denn dieser könne ggf. das austarierte Subventionsmodell der Originatoren zum Wohle der Kranken in den wirtschaftlich unterentwickelten EU-Ländern untergraben. Das Partizipieren der Originatoren am Parallelimport erschiene dann eher als eine Notwehrmaßnahme, die in den Augen des Durchschnittspatienten nicht zu missbilligen wäre.

Letztlich könnten diese Gesichtspunkte aber auf sich beruhen. Denn das Logo des Parallelimporteurs befinde sich in unmittelbarer Nähe zum Umpackhinweis, so dass der Verkehr schon nicht von einer Kooperation ausgehen werde.[391] Die rechtliche Grenze der Verpackungsgestaltung verlaufe dort, wo das Co-Branding nicht mehr erlaubte Kennzeichnung einer erlaubten Dienstleistung, nämlich diejenige des Parallelhandels, sei, sondern die Kennzeichen des Herstellers derart dominiere, dass beim Verkehr der irreführende Eindruck entstehe, der Parallelimporteur garantiere mit seinem Zeichen nicht nur für seine Dienstleistung „Parallelimport", sondern für die Herkunft, also die Entwicklung, Herstellung und Qualität des Produktes selbst. Denn jedenfalls dann greife das Co-Branding in die Funktion der Marke des Herstellers ein und beeinträchtige diese.[392]

Der Schlussfolgerung des OLG Hamburg ist zuzustimmen. Da der Verkehr offensichtlich durch einen Umpackhinweis nicht veranlasst wird, von einer Kooperation zwischen Parallelimporteur und Originalhersteller auszugehen, wird er dies auch dann nicht tun, wenn sich im erkennbaren räumlichen Zusammenhang mit dem Umpackhinweis ein zusätzliches Logo des Parallelimporteurs befindet. Auch die Einschätzung,

---

389 OLG Hamburg, GRUR-RR 2010, S.43 (45) – Co-Branding.

390 OLG Hamburg, GRUR-RR 2010, S.43 (45) – Co-Branding.

391 OLG Hamburg, GRUR-RR 2010, S.43 (44) – Co-Branding.

392 OLG Hamburg, GRUR-RR 2010, S.43 (45) – Co-Branding.

dass der Eindruck eines doppelten Gewinnstrebens nicht zwangsläufig zu einer Rufschädigung führt, vermag grundsätzlich zu überzeugen. Ob aber ein durchschnittlich informierter Verbraucher den Grund für unterschiedliche Arzneimittelpreise in der EU tatsächlich in einem *austarierten Subventionsmodell der Originatoren zum Wohle der Kranken in den wirtschaftlich unterentwickelten EU-Ländern* sieht, dürfte jedoch mehr als zweifelhaft sein.

(4) Zusammenfassung

Die neue Rechtsprechung führt zu einer weitreichenden Gestaltungsfreiheit der Parallelimporteure. Sie können eigene Produktlinien durch Vereinheitlichung des Verpackungsdesigns aufbauen und gleichzeitig durch entsprechende Annäherung an das Design des Originalherstellers vom Goodwill der Marke profitieren.[393] Verändert der Parallelimporteur wie in der Stilnox-Entscheidung nur die farbliche Gestaltung und die Musterung, so ist er in seiner Gestaltungsfreiheit in keiner Weise beschränkt. Er kann das Originaldesign sowohl kopieren, abändern sowie komplett entfernen. Dabei muss er allein der Voraussetzung entsprechen, den Umpackhinweis sichtbar anzubringen. Eine Rufschädigung ist praktisch nur dann vorstellbar, wenn die Aufmachung in irgendeiner Weise unsittlich oder anstößig ist.[394]

Geht der Parallelimporteur wie in den anderen beiden dargestellten Entscheidungen vor und bringt ein eigenes Firmenlogo auf der Verpackung an, so kommt es auch hier zunächst grundsätzlich auf den Umpackhinweis an. Nimmt der Verkehr aber durch das Co-Branding an, der Parallelimporteur garantiere nicht nur für das Umpacken und den Vertrieb, sondern auch für die Qualität, Entwicklung und Herstellung, so soll eine Rufschädigung zu bejahen sein.[395] Im Ergebnis wird also der Prüfung der Rufschädigung regelmäßig die Prüfung des ebenfalls vom EuGH geforderten Kriteriums des Hinweises auf den Umpackenden vorgeschaltet. Erst wenn der Umpackhinweis nicht mehr ausreicht, der Verkehr ihm zwar entnimmt, dass der Parallelimporteur umpackt und vertreibt, aber davon ausgeht, dass dies nicht seine ausschließliche Tätigkeit bezüglich des Arzneimittels sei, soll das Co-Branding unzulässig sein. Folgt man der Argumentation des BGH und des OLG Hamburg, dann wird eine solche Konstellation unter anderem dann in Betracht

---

393 *Lieck*, GRUR 2008, S.661 (665).

394 Vgl. dazu z.B. BVerfG, WRP 2001, S.129 ff. – Benetton.

395 OLG Hamburg, GRUR-RR 2010, S.43 (45) – Co-Branding.

kommen, wenn das Firmenlogo nicht mehr im räumlichen Zusammenhang zum Umpackhinweis steht.[396]

bb) Geschütztes Design

Wie der Aspirin-Entscheidung des BGH zu entnehmen ist, reicht schon eine geringfügige Modifikation des geschützten Designs durch den Parallelimporteur aus, um eine Erschöpfung zu verneinen und eine die Herkunftsfunktion der verwendeten Ausstattungsmarke gefährdende Verwechslungsgefahr im Sinne von § 14 Abs.2 Nr.2 MarkenG hervorzurufen. Der Parallelhändler hat nur die Möglichkeit, die Kennzeichnung, mit der der Markeninhaber zuvor selbst die Verpackung versehen hat, in unveränderter Form erneut auf der neuen Verpackung anzubringen. Denn verändert er das Design, kann sich der Hersteller darauf berufen, er habe das Arzneimittel nicht „unter der Marke" in den Verkehr gebracht.[397]

Dieses Ergebnis teilt auch das LG Hamburg als Vorinstanz zur Micardis-Entscheidung des BGH. Neben der später vom BGH erörterten Frage, ob das geschützte Design vollständig übernommen werden dürfe, richtete sich die Klage des Herstellers zunächst auch gegen zwei Verpackungsgestaltungen, bei denen der Parallelgroßhändler die Ausstattungsmarke auf der Schauseite der Verpackung verändert auf seine eigene Verpackung angebracht hatte. So ließ er das Logo des Originalherstellers vollständig weg und brachte den unübersehbar daneben geschriebenen Firmennamen nur in dem kleingeschriebenen Fließtext einer Sternchen-Anmerkung unterhalb der Marke an. Das restliche aus drei senkrechten grauen Balken bestehende Design hatte er schlicht kopiert. Das LG Hamburg hielt dies für eine nicht hinnehmbare Abwandlung der Ausstattungsmarke und gab dem Hersteller recht.[398]

Diese Einschätzung verdient Zustimmung. Der Originalhersteller muss zwar aufgrund des Erschöpfungsgrundsatzes die Benutzung seines Originaldesigns durch den Parallelimporteur dulden. Eine Modifikation muss er jedoch nicht hinnehmen und kann sich dagegen mit dem Verweis auf die Verwechslungsgefahr zur Wehr setzen. Denn für das markenrechtlich geschützte Design der Arzneimittelpackung gilt das gleiche

---

396 BGH, WRP 2008, S.1557 (1560) – Lefax/Lefaxin.; OLG Hamburg, GRUR-RR 2010, S.43 (44) – Co-Branding.

397 BGH, WRP 2002, S.1273 (1278) – Aspirin.

398 LG Hamburg, Urteil vom 10.02.2004, Rn.65 - 312 O 323/03 (abrufbar unter www.juris.de).

wie für die markenrechtlich geschützte Bezeichnung des Arzneimittels. Auch hier kann der Parallelhändler nicht einfach eine Modifikation verwenden, wie z.B. „Aspiryn" oder „Aspirine" statt „Aspirin". Der Erschöpfungsgrundsatz ist hier eindeutig. Möchte der Parallelimporteur also wie Fall der Stilnox-Entscheidung ein eigenes Design verwenden, aber gleichzeitig durch eine Anlehnung an die Originalverpackung von dessen Bekanntheit profitieren, so ist ihm das im Fall des markenrechtlichen Schutzes des Originaldesigns nicht möglich. Er ist nur zu einer identischen Übernahme des Originaldesigns berechtigt. Verändert er es auch nur geringfügig, tritt keine Erschöpfung ein und er verletzt damit die Ausstattungsmarke des Herstellers. Auf die Prüfung einer möglichen Rufschädigung kommt es dann gar nicht mehr an.

Dies bedeutet aber nicht zwangsläufig, dass der Parallelimporteur gezwungen ist, immer nur das geschützte Verpackungsdesign zu verwenden. So verweist der BGH in seiner Aspirin-Entscheidung in den Fällen einer zulässigen Neuverpackung neben der möglichen Übernahme der Ausstattungsmarke auf zwei weitere Alternativen, die er dort nur aus Gründen des nunmehr überkommenden Prinzips des geringstmöglichen Eingriffs ablehnt, nämlich die Verwendung einer neutralen Packung sowie dem Anbringen eigener Ausstattungsmerkmale.[399] Nimmt der Parallelimporteur demnach so weitreichende Veränderungen vor, dass nicht mehr von einer die Herkunftsfunktion der Ausstattungsmarke beeinträchtigenden Verwechslungsgefahr gesprochen werden kann, sondern von eigenen Ausstattungsmerkmalen, kann ihm dies nicht verwehrt werden. Er verletzt mithin nicht die Ausstattungsmarke des Herstellers, sondern entfernt sie stattdessen vollständig. Schon nach der Rechtslage des WZG liegt aber darin keine Kennzeichenrechtsverletzung. Eine Benutzung des Zeichens im geschäftlichen Verkehr wird vielmehr verhindert.[400] Diese Rechtsprechung ist auch nach der Rechtslage im MarkenG weiterhin anerkannt. Wird die Ware – verändert oder unverändert – nach Beseitigung der vom Hersteller angebrachten Marke weiterveräußert, stehen diesem insoweit keine markenrechtlichen Ansprüche zu. Er kann sich auch nicht dagegen wenden, dass das von ihm in Verkehr gebrachte Produkt nicht unter seiner Marke, sondern nach Veränderung der Ware oder ihrer Verpackung unter Anbringung einer fremden Marke weitervertrieben wird. Die Hauptfunktion der Marke,

---

399 BGH, WRP 2002, S.1273 (1278) – Aspirin.

400 RG MuW 1931, S.613 (617) – Rhenania-Benzin; *Fezer*, Markenrecht, § 14, Rn.839.

die darin besteht, die Ursprungsidentität der gekennzeichneten Waren oder Dienstleistungen zu gewährleisten, wird nicht verletzt, wenn die ursprüngliche Kennzeichnung mit der zunächst angebrachten Marke beseitigt und die Ware mit der Marke eines anderen Markeninhabers neu gekennzeichnet wird. Denn die mit der Kennzeichnung einer Ware durch eine Marke verbundene Garantiefunktion kann nur dem Inhaber derjenigen Marke zugerechnet werden, unter der die Ware dem Verkehr entgegentritt.[401] Auch ein dadurch nach herrschender Meinung möglicher Verstoß nach § 4 Nr.10 UWG ist in diesem Fall zu verneinen. Denn trotz der Beseitigung eines auf den Hersteller hinweisenden Kennzeichens an der Ware kann eine unzulässige individuelle Behinderung oder eine Herkunftstäuschung zu verneinen sein, wenn aufgrund der sonstigen Umstände des Vertriebs der Verkehr gleichwohl die Ware weiterhin dem Kennzeicheninhaber und nicht dem Händler zurechnet.[402] Dies ist hier der Fall, denn es wird nur das geschützte Design, aber nicht der Markenname des Arzneimittels entfernt. Zudem führt der Umpackhinweis dazu, dass die Ware weiterhin dem Hersteller zugerechnet wird. Der Parallelimporteur kann demnach auch dann ein eigenes Design verwenden, wenn auf der Originalverpackung ein geschütztes Design angebracht war. Allerdings sind seine Möglichkeiten hier weitaus beschränkter als im Falle eines ungeschützten Designs, da er immer darauf achten muss, sich nicht zu sehr der Ausstattungsmarke zu nähern. Er kann also zwar einen einheitlichen Produktauftritt seiner Waren herstellen, aber nicht so sehr vom durch den Hersteller geschaffenen Goodwill des Designs profitieren.[403]

Ebenfalls noch nicht durch die Rechtsprechung erörtert wurde die Frage, inwieweit der Parallelimporteur im Falle des geschützten Verpackungsdesigns ein Co-Branding im Sinne des Anbringens eines eigenen Logos vornehmen kann. Verwendet er eigene Ausstattungsmerkmale, die nicht die Ausstattungsmarke des Herstellers beeinträchtigen, so muss in diesem Zusammenhang auch ein eigenes Logo verwendet werden dürfen. Er muss dann nur darauf achten, dass keine Rufschädigung vorliegt. Übernimmt er aber wie in der Aspirin- und Micardis-Entscheidung das Originaldesign, so könnte das Anbringen des Logos zu einer unerlaub-

---

401 BGH, WRP 2008, S.226 (229) – Cordarone; WRP 2004, S.1486 (1488)- SB-Beschriftung. Kritisch hierzu *Mulch*, Der Tatbestand der markenrechtlichen Erschöpfung, S.158 ff.

402 BGH, WRP 2004, S.1486 (1489)- SB-Beschriftung.

403 Im Ergebnis so auch *Lieck*, GRUR 2008, S.661 (665).

ten Veränderung und damit zur Verletzung der Ausstattungsmarke führen. Allerdings ist hier zu unterscheiden, ob das geschützte Design die gesamte Verpackung betrifft oder aber nur Teile davon. Verwendet der Hersteller, wie im Falle der Micardis-Entscheidung, eine Wort-/Bildmarke als Ausstattungsmarke, die er nur auf der Schauseite der Verpackung anbringt, so spricht nichts dagegen, diese unverändert zu übernehmen und auf der Seitenlasche das eigene Logo anzubringen. Denn wenn in den Fällen des ungeschützten Verpackungsdesigns die Kombination der Wortmarke des Herstellers mit den Zeichen des Parallelimporteurs regelmäßig zulässig ist, kann für eine Wort-/Bildmarke des Herstellers nichts anderes gelten. Es muss dann ebenfalls nur auf die mögliche Rufschädigung geachtet werden.

cc) Anwendbarkeit des Co-Branding beim Parallelvertrieb

Ob die zum Co-Branding ergangene Rechtsprechung auch auf den Fall des Parallelvertriebs angewendet werden kann, ist bislang ungeklärt. Dem entgegenstehen könnte die Rechtsauffasssung der EMA. Sie vertritt die Ansicht, zentral zugelassene Arzneimittel sollten eine einheitliche Verpackungsaufmachung aufweisen. Gestützt wird diese Auffassung durch die Leitlinien der Europäischen Kommission betreffend die Angaben auf den Verpackungen für die in der Gemeinschaft zugelassenen Humanarzneimittel. Dort findet sich unter Teil D. 2. betreffend die Aufmachung der Verpackung die Aussage, dass Logo, Format, Gestaltung, Stil, Farbkombination und Verpackungsgrößen für alle Verpackungsformen des Arzneimittels in der gesamten Gemeinschaft identisch sein müssen.[404] Obwohl die Leitlinien vom Wortlaut her nur die Antragsteller des zentralen Zulassungsverfahrens betreffen, müssen sie grundsätzlich auch auf die anderen Akteure in diesem Bereich, also auch auf die Parallelgroßhändler anwendbar sein. Die EMA weist jedoch selbst daraufhin, dass die Leitlinien keinen verbindlichen Charakter besitzen, sondern nur Empfehlungen darstellen. Eine Abweichung kann vorgenommen werden, sie muss dann aber begründet sein.[405]

---

404 Europäische Kommission, Guideline on the packaging information of medicinal products for human use authorised by the Community, S.7 (abrufbar unter: http://ec.europa.eu/health/files/eudralex/vol-2/c/bluebox_02_2008_en.pdf).

405 Vgl. EMA, Procedure for European Union guidelines and related documents within the pharmaceutical legislative framework, S.4 (EMEA/P/24143/2004 Rev. 1), (abrufbar unter: http://www.ema.europa.eu/docs/en_GB/document_library/Scientific_guideline/2009/10/WC500004011.pdf).

Welche Gründe eine Abweichung rechtfertigen können, zeigt das Urteil des EuG in der Rechtssache „Dr.Thomae" aus dem Jahr 2002. Hier hatte die EMA dem Zulassungsinhaber untersagt, eine von den anderen Mitgliedstaaten allein für den deutschen Markt vorgeschlagene spezielle Verpackung zu verwenden.[406] Das EuG führte dazu aus, die VO Nr. 2309/93 verlange zwar nicht ausdrücklich die Verwendung einer einheitlichen Verpackungsaufmachung für ein zentral zugelassenes Arzneimittel. Gleichwohl ließen Erwägungen, die an den Einheitscharakter der Gemeinschaftszulassung und das grundlegende Prinzip des freien Warenverkehrs anknüpften, die Schlussfolgerung zu, dass ein Arzneimittel, für das ein Antrag auf Gemeinschaftszulassung gestellt werde, grundsätzlich eine einheitliche Verpackungsaufmachung aufweisen müsse. Diese Auslegung entspreche der Struktur und der Zielsetzung der geltenden Regelung. Insoweit sei darauf hinzuweisen, dass im Rahmen einer nationalen Zulassung unstreitig nur eine einzige Verpackungsaufmachung zulässig sei.[407] Allerdings handle es sich bei der Verpackungsaufmachung um einen der formalen Aspekte der Gemeinschaftszulassung, ohne unmittelbaren Zusammenhang mit den wissenschaftlichen Eigenschaften des Arzneimittels. Es sei daher unwahrscheinlich – wenn auch nicht unmöglich –, dass sich aus einer Änderung von Aspekten der Verpackungsaufmachung des Arzneimittels wie dem Logo, der Farbe, dem Format und der allgemeinen Gestaltung eine Gefahr für die öffentliche Gesundheit ergebe. Dagegen könne es aber eine solche heraufbeschwören, wenn jeder Antrag auf Änderung einer Gemeinschaftszulassung, der die Hinzufügung einer Verpackungsaufmachung betreffe, abgelehnt werde. Denkbar sei nämlich, dass dem Inhaber einer Gemeinschaftszulassung, nachdem diese ihm erteilt worden sei, die Verwendung der in der Gemeinschaftszulassung enthaltenen Verpackungsaufmachung in einem Mitgliedstaat z. B. nach einem Verletzungsverfahren untersagt werde. In einem solchen Fall führe die Ablehnung eines solchen Antrags auf Änderung der Gemeinschaftszulassung zumindest bis zur Erteilung einer neuen Gemeinschaftszulassung für eine Verpackungsaufmachung die Gefahr herbei, dass der Zugang der Patienten zu dem betreffenden Arzneimittel in diesem Staat beeinträchtigt werde.[408] Folglich könnten außergewöhnliche Umstände vorliegen, die es erlaub-

---

406 EuG Rs. T-123/00 – Dr.Thomae, Slg. 2002, S.II-5193, Rn.25.

407 EuG Rs. T-123/00 – Dr.Thomae, Slg. 2002, S.II-5193, Rn.101.

408 EuG Rs. T-123/00 – Dr.Thomae, Slg. 2002, S.II-5193, Rn.103.

ten, dem Antrag des Zulassungsinhabers auf Änderung der Verpackungsaufmachung des Arzneimittels stattzugeben.[409]

Da das Co-Branding jedoch nur dem wirtschaftlichen Vorteil des Parallelgroßhändlers dient, aber nicht notwendig ist, um eine vertriebsfähige Packung zu gestalten, lässt sich daraus kein außergewöhnlicher Umstand ableiten, der eine Veränderung der Verpackungsaufmachung erlauben würde. Der Einheitscharakter der Gemeinschaftszulassung stünde mithin einem Co-Branding beim Parallelvertrieb entgegen. Problematisch ist jedoch, dass sich das EuG nur mit dem Fall des Zulassungsinhabers und nicht mit dem eines Parallelgroßhändlers beschäftigt. Im Rahmen des vorliegenden Rechtsstreits sei es nicht Sache des Gerichts, zu den Voraussetzungen Stellung zu nehmen, unter denen Dritte, die nicht Inhaber einer Gemeinschaftszulassung für ein Arzneimittel seien und dieses parallel vertrieben, die Verpackungsaufmachung dieses Arzneimittels ändern dürften.[410]

Daraus kann aber nicht gefolgert werden, dass die strengen Maßstäbe der Veränderung für den Parallelgroßhändler nicht gelten sollen, es ihm mithin in jeder Hinsicht freistünde, die Verpackungsaufmachung zu ändern, wie er möchte. Vielmehr ist die Aussage so zu verstehen, dass das EuG mit seinem Urteil nicht grundsätzlich das Umpacken der Parallelgroßhändler in eigene Verpackungen und damit die für den Parallelhandel notwendigen Veränderungen verbieten will. Denn damit würde es in einen offenen Widerspruch zum EuGH treten.[411] Wenn dem Zulassungsinhaber nur bei Vorliegen außergewöhnlicher Umstände eine Veränderung erlaubt ist, so muss dies erst recht für den Parallelgroßhändler bedeuten, dass auch er nur bei Vorliegen solcher Gründe zu einer Änderung berechtigt ist. Somit darf er nur die regelmäßig für den Parallelhandel erforderlichen Veränderungen vornehmen, wie z.B. das Anbringen eines Umpackhinweises. Das bedeutet zwar einen Widerspruch zur Boehringer/Swingward II-Entscheidung, nach der es für die Art und Weise der Verpackungsaufmachung nur auf die mögliche Rufschädigung ankommt, eine strikte Befolgung dieser Rechtsprechung würde aber im konkreten Fall zu völlig unbilligen Ergebnissen führen. Denn dem Zulassungsinhaber aufgrund des Gedankens des Einheitscharakters der Gemeinschaftszulassung heraus eine einheitliche Verpackungsaufmachung aufzuerlegen, dem Parallelgroßhändler aber jede Veränderung

---

409 EuG Rs. T-123/00 – Dr.Thomae, Slg. 2002, S.II-5193, Rn.105.

410 EuG Rs. T-123/00 – Dr.Thomae, Slg. 2002, S.II-5193, Rn.101.

411 So auch *Douglas*, Die markenrechtliche Erschöpfung, Rn.618.

bis zur Grenze der Rufschädigung zuzugestehen, kann nicht gewollt sein und führt zu einer nicht nachvollziehbaren Bevorzugung des Parallelgroßhändlers. Somit findet die zum Co-Branding ergangene Rechtsprechung für den Bereich des Parallelvertriebs keine Anwendung. Der Parallelgroßhändler ist hier, wie vor der Boehringer/Swingward II-Entscheidung, nur zu den für den Parallelhandel erforderlichen Veränderungen berechtigt, ein Co-Branding mithin nicht erlaubt.

dd) Exkurs: Auswirkung des Co-Branding auf den Verletzergewinn

Verstößt der Parallelhändler gegen die vom EuGH aufgestellten Kriterien, wie z.B. der Beeinträchtigung des Originalzustandes, so kann er dem Originalhersteller zum Schadensersatz verpflichtet sein. Im Falle eines auf einer Markenverletzung basierenden Schadensersatzanspruches hat dieser gemäß § 14 Abs.6 MarkenG regelmäßig die Wahlmöglichkeit zwischen der Geltendmachung des ihm tatsächlich entgangenen konkreten Vermögensnachteils einschließlich des entgangenen Gewinns (§§ 249, 252 BGB), der Herausgabe des Verletzergewinns oder des Schadensersatzes nach der Lizenzanalogie.

Während es für den konkret entstandenen Schadens und die Lizenzanalogie keinen Unterschied machen kann, ob der Parallelhändler die Verpackung mit einem Co-Branding versehen hat, ist dies beim Verletzergewinn weniger leicht auszuschließen. Denn gerade im Markenrecht besteht durchaus die Möglichkeit, dass neben der Marke andere Faktoren Einfluss auf die Kaufentscheidung haben. Im Unterschied zu anderen Schutzrechten wie z.B. einem Patent erstreckt sich der Schutz nicht auf den Gegenstand an sich, sondern auf die Art und Weise seines Vertriebs. Ein Gegenstand kann ohne weiteres vertrieben werden, wenn er nicht schutzrechtsverletzend gekennzeichnet ist.[412] Es ist daher grundsätzlich anerkannt, dass regelmäßig nicht der gesamte Gewinn auf die Rechtsverletzung zurückgeführt werden kann, sondern dass der Gewinn auf dem Zusammenwirken mehrerer Faktoren beruht.[413]

Ein Anspruch auf den Verletzergewinn erfordert daher stets eine Ermittlung desjenigen Gewinnanteils, der gerade auf die Kennzeichenbenutzung und nicht auf andere Absatzfaktoren zurückgeht.[414] Erachtet man

---

412 *Zahn*, Die Herausgabe des Verletzergewinns, S.143.

413 BGHZ 34, 320 (322) – Vitasulfal.

414 BGH, GRUR 2006, S.419 (420) – Noblesse; *Ingerl/Rohnke*, Markenrecht, vor §§ 14-19 Rn.114.

das Co-Branding als eigenen Absatzfaktor, so könnte ein Parallelhändler von national zugelassenen Arzneimitteln, der zwar erlaubterweise ein Co-Branding angebracht hat, aber gegen ein anderes Kriterium verstößt, den Verletzergewinn möglicherweise um einen bestimmten Betrag reduzieren, während dies einem Parallelhändler von zentral zugelassenen Produkten grundsätzlich nicht möglich wäre, da er nicht zum Co-Branding befugt ist.

Dass das Co-Branding einen eigenen Absatzfaktor darstellt, hatte das OLG Hamburg in seiner am gleichen Tag wie die Boehringer/Swingward II-Entscheidung ergangenen Entscheidung aus dem Jahr 2007 noch abgelehnt. Eine Differenzierung danach, ob der Markterfolg ggf. noch von anderen Dingen als dem der Kennzeichnung mit der Klagemarke abhängig sei, könne deshalb nicht stattfinden, weil der Parallelhändler keine über die nach den Regeln des Parallelhandels von Arzneimitteln erforderlichen Hinweise auf seine Rolle als Händler und Umpacker hinausgehenden Eingriffe in die Packung vornehmen dürfe. Er dürfe insbesondere die Packung nicht dazu verwenden, sich – etwa durch eine den Grundsätzen des schonendsten Eingriffs widersprechende auffällige Verwendung seiner eigenen Marke (Co-Branding) – im Wettbewerb als Händler zu profilieren, und sei es auch nur im Wettbewerb der Parallelimporteure.[415]

Ohne das Co-Branding namentlich zu nennen, bestätigte der BGH 2009 in der Rechtssache „Zoladex" die Ansicht des OLG Hamburg. Es verbiete sich – worauf das OLG Hamburg hingewiesen habe – eine Unterscheidung danach, ob der Markterfolg gegebenenfalls noch von anderen Umständen abhängt, auch deswegen, weil der Parallelhändler über die erforderlichen Hinweise auf seine Rolle als Importeur und Umpacker hinaus nur in beschränktem Umfang Eingriffe in die Packung vornehmen dürfe. [416] Diese Feststellung ist so nicht nachvollziehbar und umso erstaunlicher, als der BGH dabei auf die Stilnox- und die Lefax/Lefaxin-Entscheidung verweist, in denen er aber wie aufgezeigt das Prinzip des schonendsten Eingriffs gerade ablehnt und nunmehr eine weitreichende Gestaltungsfreiheit der Parallelhändler bejaht. Gerade weil der Parallelhändler von national zugelassenen Arzneimitteln nun unter Umständen sowohl ein eigenes Verpackungsdesign und Logo anbringen darf und damit sich im Wettbewerb mit anderen Parallelhändlern sehr wohl profilieren kann, wäre eine genauere Auseinandersetzung des BGH mit dem

415 OLG Hamburg, Magazindienst 2008, S.778 (778) – 3 U 160/05.

416 BGH, WRP 2010, S.930 (932) – Zoladex.

Co-Branding erforderlich gewesen und kann in der Form nicht überzeugen.

c) *Zusammenfassung*

Die Aufmachung der Produktverpackung kann in verschiedener Weise rufschädigend sein. Sie liegt zunächst immer dann vor, wenn sie schadhaft, von schlechter Qualität oder unordentlich ist. Dies gilt sowohl für parallelimportierte als auch parallelvertriebene Arzneimittel.

Weiterhin kann eine Rufschädigung durch das vom Parallelimporteur neu gestaltete Verpackungsdesign entstehen. Während ihm die Übernahme des Originaldesigns, ohne Rücksicht darauf, ob es markenrechtlich geschützt ist oder nicht, erlaubt ist, liegt das Hauptproblem in der Vornahme des Co-Branding mit seinen eigenen Farben, Formen, Logos etc. Ist das Design des Herstellers nicht markenrechtlich geschützt, kann der Parallelimporteur praktisch jede erdenkliche Kombination seiner Zeichen mit denen des Herstellers vornehmen. Die Grenze der Rufschädigung verläuft dort, wo das Co-Branding nicht mehr erlaubte Kennzeichnung einer erlaubten Dienstleistung, nämlich diejenige des Parallelhandels, ist, sondern die Kennzeichen des Herstellers derart dominiert, dass beim Verkehr der irreführende Eindruck entsteht, der Parallelimporteur garantiere mit seinem Zeichen nicht nur für seine Dienstleistung „Parallelimport", sondern für die Herkunft, also die Entwicklung, Herstellung und Qualität des Produktes selbst.[417]

Bei geschütztem Design werden die Möglichkeiten des Parallelimporteurs neben dem Kriterium der Rufschädigung auch markenrechtlich eingeschränkt.[418] Lehnt er sein Design zu sehr an das geschützte Original an, um so von dessen Bekanntheit zu profitieren, kann der Hersteller dem Erschöpfungseinwand entgegenhalten, er habe das Arzneimittel nicht „unter der Marke" in den Verkehr gebracht.[419] Der Parallelimporteur ist jedoch dazu berechtigt, das Originaldesign zu beseitigen und durch seine eigenen Ausstattungsmerkmale zu ersetzen. Nach der Rechtsprechung kann nämlich die mit der Kennzeichnung einer Ware durch eine Marke verbundene Garantiefunktion nur dem Inhaber derje-

---

417 OLG Hamburg, GRUR-RR 2010, S.43 (45) – Co-Branding.

418 Insoweit zu ungenau *Bauroth,* in: Fuhrmann/Klein/Fleischfresser, Arzneimittelrecht, § 23 Rn.37, der eine Veränderung des Verpackungsdesigns für möglich hält, ohne zwischen geschütztem und ungeschütztem Design zu unterscheiden.

419 BGH, WRP 2002, S.1273 (1278) – Aspirin.

nigen Marke zugerechnet werden, unter der die Ware dem Verkehr entgegentritt.[420] Möchte er aber das Originaldesign identisch übernehmen und dennoch eigene Merkmale wie ein Logo anbringen, kommt es darauf an, ob die geschützte Ausstattung die gesamte Verpackung umfasst oder nicht. Befindet sich das Design des Herstellers nur auf einer Seite der Verpackung, spricht nichts gegen das Anbringen eines Logos auf einer anderen Seite. Es kann folglich nichts anderes gelten als in den Fällen von ungeschütztem Design, bei denen die Kombination von Zeichen des Parallelimporteurs mit denen des Herstellers bis zur Grenze der Rufschädigung erlaubt ist.

Keine Anwendung findet die Rechtsprechung zum Co-Branding aber im Bereich des Parallelvertriebs. Die Erwägungen, die an den Einheitscharakter der Gemeinschaftszulassung und das grundlegende Prinzip des freien Warenverkehrs anknüpften, lassen die Schlussfolgerung zu, dass ein zentral zugelassenes Arzneimittel grundsätzlich eine einheitliche Verpackungsaufmachung aufweisen muss.[421] Nur bei Vorliegen außergewöhnlicher Umstände kann eine Veränderung gestattet sein.[422] Dies gilt neben dem Zulassungsinhaber auch für den Parallelgroßhändler, denn es würde dem Sinn und Zweck der Gemeinschaftszulassung zuwiderlaufen, wenn nur der Hersteller an die strengen Grundsätze gebunden wäre, der Parallelgroßhändler jedoch bis zur Grenze der Rufschädigung Veränderungen vornehmen dürfte. Mithin ist die Entscheidung des EuGH in der Rechtssache „Boehringer/Swingward II", es komme bei der Frage nach der Erforderlichkeit des Umpackens nur auf die Prüfung an, ob das Umpacken als solches erforderlich sei und nicht auf die Art und Weise,[423] ist in diesem Fall nicht auf den Parallelvertrieb anwendbar.

6. *Zusammenfassung*

Beim Parallelhandel mit Arzneimitteln kann es für den Parallelhändler erforderlich sein, Modifikationen an der Verpackung vorzunehmen, um das Arzneimittel im Einfuhrstaat verkehrsfähig zu machen. Da dies jedoch das Markenrecht des Originalherstellers beeinträchtigt, der Parallelhändler aber wiederum ohne die Modifikationen das Arzneimittel nicht vertreiben kann, besteht ein Spannungsverhältnis zwischen der

---

420 BGH, WRP 2008, S.226 (229) – Cordarone; WRP 2004, S.1486 (1488) – SB-Beschriftung.

421 EuG Rs. T-123/00 – Dr.Thomae, Slg. 2002, S.II-5193, Rn.101.

422 EuG Rs. T-123/00 – Dr.Thomae, Slg. 2002, S.II-5193, Rn.105.

423 EuGH Rs. C-348/04 – Boehringer/Swingward II, Slg. 2007 S.I-3391, Rn.38.

Warenverkehrsfreiheit und dem Markenrecht. Zur Lösung der widerstreitenden Interessen hat der EuGH in seiner nunmehr 30jährigen Rechtsprechung zum Parallelhandel Kriterien entwickelt, bei deren Einhaltung der Markeninhaber dem Parallelhändler seine Markenrechte nicht entgegenhalten kann:

- Es ist erwiesen, dass die Geltendmachung der Marke zu einer künstlichen Marktabschottung beitragen würde, was insbesondere der Fall ist, wenn das Umpacken erforderlich ist, um die Ware im Einfuhrmitgliedsstaat vertreiben zu können.
- Der Originalzustand der in der Verpackung enthaltenen Ware wird durch das Umpacken nicht beeinträchtigt.
- Auf der neuen Verpackung ist klar angegeben, von wem die Ware umgepackt worden ist und wer der Hersteller ist.
- Die umgepackte Ware ist nicht so aufgemacht, dass dadurch der Ruf der Marke und ihres Inhabers geschädigt werden kann; die Verpackung darf folglich nicht schadhaft, von schlechter Qualität oder unordentlich sein.
- Der Importeur muss den Markeninhaber vorab vom Feilhalten unterrichten und ihm auf Verlangen, ein Muster der umgepackten Ware liefern.

Da diese Kriterien größtenteils für den Parallelimport entwickelt wurden, stellt sich die Frage, ob sie ebenfalls Anwendung auf den Parallelvertrieb finden können. Dies ist zunächst grundsätzlich zu bejahen. Denn auch bei zentral zugelassenen Arzneimitteln kann die Notwendigkeit bestehen, Modifikationen vorzunehmen, was ebenso in die Rechte des Markeninhabers eingreifen kann, wie beim Parallelimport. Weiterhin ist fraglich, ob die Kriterien auch ohne jegliche Veränderung auf den Parallelvertrieb passen oder ob hier Unterschiede gegeben sind.

Keine Notwendigkeit zu Veränderungen bestehen hinsichtlich der Kriterien der Nichtbeeinträchtigung Originalzustands der Ware, der Unterrichtung des Markeninhabers sowie der Angaben des umpackenden Unternehmens und des Herstellers der Ware. Sie treffen den Parallelgroßhändler ebenso wie den Parallelimporteur.

Unterschiede ergeben sich jedoch im Bereich der künstlichen Marktabschottung und der Frage der Erforderlichkeit des Umverpackens. Hier galt für den Parallelimport zunächst das Prinzip der geringstmöglichen Eingriffs. Der Parallelimporteur durfte das Arzneimittel immer nur dann in neue, eigene Verpackungen umpacken, wenn er die im Einfuhrstaat gängige Packungsgröße nicht durch Bündeln bzw. Auf- oder Abstocken erlangen konnte. Der Parallelgroßhändler durfte dagegen schon zu diesem Zeitpunkt bei Abweichung der Packungsgrößen regelmäßig eigene Verpackungen verwenden, ohne dass es auf mögliche mildere Eingriffe in die Rechte des Markeninhabers angekommen wäre. Der Grund liegt darin, dass nach der Aventis-Entscheidung des EuGH beim Parallelvertrieb nur solche Packungsformen auf den Markt gebracht werden dürfen, für die der Originalhersteller eine eigene Zulassungsnummer besitzt. Diese Entscheidung rief innerhalb der Literatur viel Kritik hervor, die jedoch nur teilweise überzeugen konnte. Zuzustimmen ist ihr jedoch in dem Punkt, dass es nicht plausibel erscheint, wenn der EuGH das Inverkehrbringen von Bündelpackungen gerade deshalb für nicht zulässig hält, um einer Irreführung des Verbrauchers vorzubeugen.

Mit der Boehringer/Swingward II-Entscheidung wurde dann das Prinzip des geringstmöglichen Eingriffs deutlich aufgeweicht. Es kommt nunmehr nur noch darauf an, ob das Umpacken als solches erforderlich ist. Die Art und Weise des Umpackens dagegen unterliegt nicht mehr der Erforderlichkeitsprüfung, sondern allein der möglichen Rufschädigung. Der Parallelimporteur kann demnach nicht mehr auf das Auf- oder Abstocken verwiesen werden, auch das Bündeln muss er nur noch dann vornehmen, wenn er damit die im Einfuhrstaat gängige Packungsgröße ohne weitere Veränderung des Inhalts der jeweiligen Packung erreichen kann. Damit wurden die Unterschiede innerhalb dieses Kriteriums zwischen Parallelimport und Parallelvertrieb wesentlich verringert.

Auch das Kriterium der Rufschädigung weist Unterschiede zwischen Parallelimport und Parallelvertrieb auf. Zwar ist beiden gleich, dass der Ruf der Marke geschädigt wird, wenn die Verpackung schadhaft, von schlechter Qualität oder unordentlich ist, bei der Frage nach der Gestaltung der neuen, eigenen Verpackung ergeben sich jedoch Differenzen. So darf der Parallelimporteur nach der neueren deutschen Rechtsprechung die Verpackungsgestaltung des Originalherstellers sowohl identisch übernehmen als auch im Sinne des Co-Branding eigene Ausstattungsmerkmale anbringen. Ist das Originaldesign ungeschützt, besitzt er praktisch vollkommene Gestaltungsfreiheit. Ist das Design dagegen als Ausstattungsmarke geschützt, so darf der Parallelimporteur es ebenfalls identisch übernehmen, Veränderungen muss er jedoch dergestalt vornehmen, dass sie keine Verwechslungsgefahr für die Ausstattungsmarke darstellen, sie sich mithin wesentlich vom Original unterscheiden.

Diese Gestaltungsfreiheit besitzt der Parallelgroßhändler nicht. Denn der Einheitscharakter der zentralen Zulassung sieht vor, dass ein Arzneimittel mit Gemeinschaftszulassung eine einheitliche Verpackungsaufmachung aufweisen muss. Dies muss sowohl für den Hersteller als auch für den Parallelgroßhändler gelten, da eine Differenzierung dem Sinn und Zweck zuwiderlaufen würde.

B. Re-Branding

Neben dem Umpacken stellt das Re-Branding ein weiteres Problemfeld für den Parallelhändler dar. Von einem Re-Branding spricht man allgemeinhin, wenn eine sich bereits auf dem Markt befindliche Marke von ihrem Inhaber ausgetauscht wird, um sie z.B. international verwendbar zu machen oder sie zu modernisieren. Im Bereich des Parallelhandels mit Arzneimitteln wird der Begriff des Re-Branding jedoch in einem anderen Zusammenhang genutzt, nämlich wenn der Parallelhändler die auf der Packung befindliche Marke des Ausfuhrlandes durch eine andere Bezeichnung ersetzt. Man unterscheidet hier zwischen zwei Konstellationen, nämlich dem Fall, bei dem die originäre Marke durch eine andere Marke desselben Herstellers ersetzt wird, der so genannten Markenersetzung, und dem bereits unter Punkt A. IV. 5. kurz angesprochenen De-Branding, bei dem die originäre Marke durch die ungeschützte Gattungsbezeichnung (INN) des Arzneimittels ersetzt wird.

I. Markenersetzung

Der Grund für die Notwendigkeit der Ersetzung der einen Marke des Herstellers durch eine andere liegt in der zuweilen von den Arzneimittelherstellern praktizierten Zwei-Marken-Strategie. Bei der auch unter dem Begriff der „Mehrmarkenstrategie“[424] bekannten Praktik bringt der Hersteller dasselbe Produkt unter verschiedenen Bezeichnungen auf den Markt. Ziel dieser Strategie ist zumeist die bessere Marktausschöpfung; das Unternehmen macht sich quasi selber Konkurrenz, um auch die Abnehmer auf sich zu ziehen, die nicht der einen Marke treu sind. Markenfremde Verbraucher oder potentielle Markenwechsler sollen unternehmenseigene Alternativen am Markt vorfinden.[425] Eine solche Handhabung ist nach Ansicht des BGH zulässig, denn obwohl der Gesetzgeber vom Regelfall ausgegangen sei, bei dem ein Markeninhaber zur Bezeichnung bestimmter Waren seines Unternehmens nur ein Zeichen verwende, sei es üblich und anerkannt, dass ein Betrieb mehrere Zeichen erwerben könne und er verschiedene Waren unterschiedlich

---

424 Z.B. *Lieck*, Der Parallelhandel mit Arzneimitteln, Rn.415 ff. diese Bezeichnung ist aber eher missverständlich, da sie von anderen Autoren auch als Bezeichnung für die Verwendung mehrerer Marken des Herstellers auf einer Unternehmensleistung verwendet wird, vgl. *Fezer*, Markenrecht, § 3 Rn.61. Im Folgenden soll daher nur von einer Zwei-Marken-Strategie die Rede sein.

425 *Ulferts-Römmermann*, Das Markenrecht als Instrument und Reflex des Wettbewerbs, S.60.

kennzeichnen könne. Es sei auch nicht ersichtlich, dass der Verkehr die Warenkennzeichnung deshalb nicht als betrieblichen Herkunftshinweis auffassen könnte, weil der Hersteller gleiche Waren auch unter einer anderen Bezeichnung vertreibe.[426]

Verwendet der Hersteller die Zwei-Marken-Strategie nicht national, sondern als internationales Vermarktungssystem, kommen also die Produkte in den jeweiligen Mitgliedstaaten unter verschiedenen Bezeichnungen auf den Markt, stellt dies den Parallelhändler vor Schwierigkeiten. Da dem Verbraucher im Einfuhrland oft nur die dortige Bezeichnung des Arzneimittels geläufig ist, nicht aber die im Ausfuhrland verwendete Bezeichnung, kann der Parallelhändler nicht vom Goodwill der Inlandsmarke profitieren, seine Absatzchancen sinken erheblich. Zudem existieren in bestimmten Mitgliedstaaten Substitutionsverbote. Danach ist es Apothekern nicht erlaubt, das durch den Arzt verschriebene Arzneimittel durch ein wirkstoffgleiches Substitut zu ersetzen. Da es den Apothekern praktisch unmöglich ist, statt des Arzneimittels unter seiner inländischen Bezeichnung das Arzneimittel unter seiner ausländischen Bezeichnung abzugeben, sinken auch hierdurch die Absatzchancen enorm.[427] Das Dilemma der Zwei-Marken-Strategie ist also, dass der Markeninhaber ein ihm zustehendes Recht ausüben kann, um ein unzulässiges Ziel, nämlich die Marktaufteilung und damit die Behinderung des freien Warenverkehrs, zu erreichen.[428]

1. *Grundsatzentscheidungen des EuGH*

Die Problematik erkannte auch der EuGH. Nach seiner im Jahr 1978 ergangenen Grundsatzentscheidung „American Home Products" sollte der Parallelhändler immer dann zur Markenersetzung berechtigt sein, wenn das Vertriebssystem des Herstellers darauf abziele, die Märkte künstlich abzuschotten. Zwar sei es im Sinne des Art.36 AEUV (Ex-Art.30 EG) gerechtfertigt, wenn sich der Markeninhaber dagegen zur Wehr setze, dass eine Ware von einem Dritten unter dieser Marke auf den Markt gebracht werde, selbst wenn diese Ware zuvor in einem anderen Mitgliedstaat unter einer anderen, dort demselben Inhaber zustehenden Marke rechtmäßig in den Verkehr gebracht worden sei, dieses

---

[426] BGH, GRUR 1979, S.707 (708) – Haller.

[427] *Douglas*, Die markenrechtliche Erschöpfung, Rn.632.

[428] *Mulch*, Der Tatbestand der markenrechtlichen Erschöpfung, S.163.

Recht werde aber durch Art.36 S.2 AEUV (Ex-Art.30 S.2 EG) beschränkt.[429]

In seiner zweiten Grundsatzentscheidung „Upjohn" 1999 [430] stellte der EuGH fest, der Fall der Markenersetzung falle nicht unter die markenrechtliche Erschöpfung. Art.7 MRRL sei nur anwendbar, wenn nach dem Umpacken die ursprüngliche Marke wieder angebracht werde und nicht, wenn der Parallelimporteur die ursprüngliche Marke durch eine andere ersetze. In diesem Fall bestimmten sich die jeweiligen Befugnisse des Markeninhabers und des Parallelimporteurs anhand der Art.34 und 36 AEUV (Ex-Art.28 und 30 EG). [431] Da aber Art.7 MRRL nach der Rechtsprechung des Gerichtshofes ebenso wie Art.36 AEUV (Ex-Art.30 EG) den Zweck habe, die grundlegenden Belange des Markenschutzes mit denen des freien Warenverkehrs im Gemeinsamen Markt in Einklang zu bringen und da mit diesen beiden Bestimmungen dasselbe Ergebnis angestrebt werde, seien sie gleich auszulegen.[432] Die aus der Entscheidung „American Home Products" gezogene Schlussfolgerung, die Praktik des Herstellers müsse eine auf die Abschottung der Märkte gerichtete Absicht widerspiegeln,[433] verwarf der EuGH. Es sei festzustellen, dass zwischen der Wiederanbringung einer Marke nach dem Umpacken und der Ersetzung der ursprünglichen Marke durch eine andere kein sachlicher Unterschied bestünde, der es rechtfertigen würde, den Begriff der künstlichen Marktabschottung in den beiden Fällen unterschiedlich anzuwenden.[434] Soweit daher das Markenrecht des Einfuhrmitgliedstaats dem Markeninhaber erlaube, sich der Wiederanbringung der Marke nach dem Umpacken oder deren Ersetzung zu widersetzen und soweit der Parallelimporteur zum Umpacken mit erneuter Anbringung der Marke oder zur Ersetzung der Marke gezwungen sei, um die Ware im Einfuhrmitgliedstaat vertreiben zu können, liege ein Hemmnis für den Binnenhandel der Gemeinschaft vor, das zu einer künstlichen Abschottung der Märkte zwischen den Mitgliedstaaten im Sinne der erwähnten

---

429 EuGH, Rs. 3/78 – American Home Products, Slg.1978, S.I-1841 Rn.18-19/22.

430 EuGH, Rs. C-379/97 – Upjohn, Slg.1999 S.I-6927.

431 EuGH, Rs. C-379/97 – Upjohn, Slg.1999 S.I-6927 Rn.28.

432 EuGH, Rs. C-379/97 – Upjohn, Slg.1999 S.I-6927 Rn.30.

433 Schlussanträge des Generalanwalts Capotorti vom 8.10.1981, EuGH Rs. 1/81 – Pfizer/Eurim Pharm, Slg.1981 S.2913 Rn.27.

434 EuGH, Rs. C-379/97 – Upjohn, Slg.1999 S.I-6927 Rn.37.

Rechtsprechung führe, und dies unabhängig davon, ob die Abschottung vom Inhaber angestrebt werde.[435]

Aus dem Begriff der künstlichen Abschottung der Märkte zwischen Mitgliedstaaten ergebe sich zudem, dass bei der Prüfung der Frage, ob der Markeninhaber sich nach nationalem Recht dagegen zur Wehr setzen könne, dass ein Parallelimporteur von Arzneimitteln die im Ausfuhrmitgliedstaat benutzte Marke durch die vom Markeninhaber im Einfuhrmitgliedstaat benutzte Marke ersetze, im Zeitpunkt des Vertriebes im Einfuhrmitgliedstaat bestehende Umstände zu berücksichtigen seien, die den Parallelimporteur objektiv dazu zwängen, die ursprüngliche Marke durch die im Einfuhrmitgliedstaat benutzte Marke zu ersetzen, um das betreffende Produkt in diesem Staat in den Verkehr bringen zu können. Dieses Tatbestandsmerkmal der Zwangslage sei gegeben, wenn im Einzelfall der tatsächliche Zugang des Parallelimporteurs zu den Märkten des Einfuhrmitgliedstaats behindert wäre, falls ihm die Ersetzung der Marke verboten wäre. Das sei dann der Fall, wenn Regelungen oder Praktiken im Einfuhrmitgliedstaat den Vertrieb der betreffenden Ware auf dem Markt dieses Staates unter der Marke, die sie im Ausfuhrmitgliedstaat trage, verhindern, wenn also etwa eine Verbraucherschutzvorschrift die Benutzung der im Ausfuhrmitgliedstaat angebrachten Marke im Einfuhrmitgliedstaat verbiete, weil sie zur Irreführung der Verbraucher geeignet sei.[436] Das Tatbestandsmerkmal der Zwangslage sei dagegen nicht erfüllt, wenn die Ersetzung der Marke ihren Grund ausschließlich darin habe, dass der Parallelimporteur einen wirtschaftlichen Vorteil erlangen wolle.[437]

2. *Konkretisierung der objektiven Zwangslage*

Die neuere Rechtsprechung bejaht eine objektive Zwangslage immer dann, wenn öffentlich-rechtliche Vorschriften die Verwendung der ausländischen Marke verbieten. So kann es z.B. dem Arzneimittelrecht entgegenstehen, dass unterschiedlich zusammengesetzte Arzneimittel unter verwechslungsfähigen Bezeichnungen in den Verkehr gelangen.[438] Eine Zwangslage aufgrund des nach § 129 SGB V geschlossenen Bundesrahmenvertrages für die Arzneimittelversorgung, nach dem gemäß § 5 Abs.3 ein Apotheker 5 Prozent seines Umsatzes an Fertigarzneimitteln

---

[435] EuGH, Rs. C-379/97 – Upjohn, Slg.1999 S.I-6927 Rn.39.

[436] EuGH, Rs. C-379/97 – Upjohn/Paranova, Slg.1999 S.I-6927 Rn.43.

[437] EuGH, Rs. C-379/97 – Upjohn/Paranova, Slg.1999 S.I-6927 Rn.44.

[438] OLG Frankfurt a.M., WRP 2000, S.212 (213) – Markenersetzung II.

durch Importarzneimittel erwirtschaften muss, besteht dagegen nicht.[439] Daneben wurde eine Zwangslage aber auch aus entgegenstehenden Markenrechten Dritter [440] oder bei einem starken Widerstand eines nicht unerheblichen Teils der Verbraucher, die sich auch auf die Verschreibungspraktiken der Ärzte oder die Einkaufs- oder Abgabepraktiken der Apotheken auswirkt, bejaht.[441] Allein der Umstand, dass eine Marke im Einfuhrstaat unbekannt ist, reicht allerdings nicht für die Bejahung einer Zwangslage aus. Zwar wird dem Parallelhändler aufgrund der Gewöhnung des Verkehrs an die Inlandsmarke der Handel unter einer anderen Marke wesentlich schwerer fallen, er muss sich jedoch insoweit auf eigene Anstrengungen zur Absatzförderung, etwa Werbemaßnahmen verweisen lassen.[442]

Hieraus ergibt sich, dass es sich bei den in der Upjohn-Entscheidung genannten öffentlich-rechtlichen Vorschriften nur um eine beispielhafte Erwähnung handelt. Entscheidend für das Vorliegen einer objektiven Zwangslage ist allein, ob dem Händler der Vertrieb des Importmittels unter der Ursprungsmarke im Inland aufgrund objektiver, von ihm nicht beeinflussbarer Umstände unmöglich ist.[443]

Diese Rechtsprechung wird auch unter Zugrundelegung der neuen Rechtsprechung zum Umpacken weiter Bestand haben. Denn das Vorliegen einer Zwangslage kann ohnehin nur als solches geprüft werden und nicht bezüglich einer bestimmten Art und Weise. Vielmehr zeigt der Umstand, dass der EuGH in der Boehringer/Swingward II-Entscheidung bei der Prüfung der Voraussetzung der Erforderlichkeit auf die Upjohn-Entscheidung verweist,[444] dass er sich dabei – wenn auch ohne explizite Erwähnung – an dem Merkmal der objektiven Zwangslage orientiert hat.

II. De-Branding

Die zweite Konstellation des Re-Branding, das De-Branding, hat sich in Großbritannien entwickelt und besteht dort unabhängig davon, ob der Arzneimittelhersteller eine Zwei-Marken-Strategie verfolgt oder nicht. Die originäre Marke wird durch die Gattungsbezeichnung (INN) ersetzt,

---

439 BGH, WRP 2005, S.102 (104) – Topinasal.

440 OLG Frankfurt a.M., WRP 2000, S.212 (213) – Markenersetzung II.

441 BGH, WRP 2005, S.102 (103) – Topinasal.

442 OLG Frankfurt a.M., PharmR 2000, S.84 (86) – Markenersetzung I.

443 OLG Frankfurt a.M., WRP 2000, S.212 (213) – Markenersetzung II.

444 EuGH Rs. C-348/04 – Boehringer/Swingward II, Slg. 2007 S.I-3391, Rn.36.

das Arzneimittel wird also wie ein Generikum vertrieben. Der Goodwill, der sonst zumindest überwiegend dem Markeninhaber zufließen würde, kommt dadurch dem Parallelhändler zugute. Zu einem späteren Zeitpunkt kann dieser zudem die Ursprungsware durch eine beliebige generische Variante des

Arzneimittels ersetzen, wodurch der vom Markeninhaber etablierte Markenwert ausgehöhlt wird.[445]

1. *De-Branding als tatbestandsmäßige Markenverletzung*

Als der EuGH in seiner Boehringer/Swingward II-Entscheidung das De-Branding im Zusammenhang mit dem Kriterium der Rufschädigung ansprach, führte dies hierzulande zu Kritik innerhalb der Literatur. Zumindest nach deutschem Rechtsverständnis sei die Aussage des EuGH erstaunlich, da dies letztlich bedeuten würde, dass das De-Branding eine tatbestandsmäßige Markenverletzung darstellte. Dies lehne die deutsche Praxis aber seit jeher ab und prüfe die Markenentfernung allein unter dem Gesichtspunkt der wettbewerbsrechtlichen Behinderung oder Irreführung. [446]

Diese Einschätzung offenbart jedoch eine Fehleinschätzung und ist dadurch nur bedingt zutreffend. Wie bereits erörtert, stehen dem Markeninhaber nach Beseitigung der von ihm angebrachten Marke keine markenrechtlichen Ansprüche zu. Das Zeichen wird dann im geschäftlichen Verkehr durch die Beseitigung gerade nicht genutzt.[447] Insofern ist der Literatur zuzustimmen, dass eine Markenentfernung keine tatbestandsmäßige Markenrechtsverletzung darstellt. Sie übersieht jedoch, dass es dem Parallelhändler fast immer unmöglich sein wird, die Marke vollständig zu entfernen. Zwar kann er die Marke auf der Verpackung beseitigen, sie verbleibt aber auf den Tabletten und Aerosolen selbst sowie auf etwaigen Blisterpackungen.[448] Würde der Parallelhändler auch hier die Marke zu entfernen versuchen, griffe er zwangsläufig in den Originalzu-

---

445 *Römhild,* MarkenR 2002, S.105 (110).

446 *Mehler,* MarkenR 2009, S.281 (283); *Ulmar,* WRP 2007, S.920 (923).

447 RG MuW 1931, S.613 (617) – Rhenania-Benzin; BGH, WRP 2008, S.226 (229) – Cordarone; WRP 2004, S.1486 (1488)- SB-Beschriftung; *Fezer,* Markenrecht, § 14, Rn.839.

448 Schlussanträge der Generalanwältin Sharpston, EuGH Rs. C-348/04 – Boehringer/Swingward II, Slg. 2007 S.I-3391, Rn.22.

stand der Ware ein.[449] Dieser Umstand ist auch dem EuGH bewusst, wie sich aus seiner Definition in der Boehringer/Swingward II-Entscheidung zeigt. Danach will er ein De-Branding immer dann annehmen, wenn der Parallelhändler die Marke nicht auf dem neuen *äußeren Karton* anbringt.[450] Der EuGH und die Literatur gehen demnach von verschiedenen Definitionen des De-Branding aus. Nach dem Verständnis des EuGH ist es nicht mit einer vollständigen Markenentfernung gleichzusetzen, sondern mit dem Entfernen des Markennamens auf der Verpackung.

Wenn aber beim De-Branding von Arzneimitteln die Originalmarke zumindest teilweise auf der Ware verbleibt, wird diese auch im geschäftlichen Verkehr genutzt. Ein rechtsverletzender Gebrauch der Marke ist mithin möglich und könnte in einer Beeinträchtigung der Werbefunktion gesehen werden. Denn der durch die Werbefunktion geschützte Goodwill wird, wie eingangs erwähnt, beim De-Branding nicht dem Markeninhaber, sondern dem Parallelhändler zufließen. Daher muss bei der Prüfung der Zulässigkeit des De-Branding auf die Kriterien des EuGH zum Umpacken zurückgegriffen werden.

2. *Künstliche Marktabschottung*

Demnach muss der Parallelhändler darlegen, dass das De-Branding objektiv erforderlich ist, weil ansonsten eine künstliche Marktabschottung gegeben wäre. Somit kommt es, wie bei der Markenersetzung, auf das Vorliegen einer objektiven Zwangslage an. Dieser Nachweis wird ihm aber unmöglich sein, soweit die von ihm entfernte Originalmarke mit der Marke des Einfuhrstaats identisch ist. Es ist kein Grund ersichtlich, warum es notwendig sein sollte, eine verkehrsfähige Marke durch eine Gattungsbezeichnung zu ersetzen. Der Parallelhändler darf also im Ergebnis regelmäßig nur dann die Gattungsbezeichnung verwenden, wenn sich die Marke des Einfuhrstaates auch von der des Ausfuhrstaates unterscheidet und es ihm mithin ebenfalls erlaubt wäre, die Originalmarke durch die Marke des Einfuhrstaates zu ersetzen.

---

449 So auch *Lieck*, Der Parallelhandel mit Arzneimitteln, Rn.395, der jedoch daraus den unzutreffenden Schluss zieht, dass aus diesem Grund ein De-Branding regelmäßig nicht möglich sei.

450 EuGH Rs. C-348/04 – Boehringer/Swingward II, Slg. 2007 S.I-3391, Rn.45.

3. *Rufschädigung*

Bei der Frage, ob das De-Branding zu einer Rufschädigung führen kann, ist auf die zum veränderten Verpackungsdesign dargestellten Grundsätze zurückzugreifen. Es kommt hier also zunächst ebenfalls darauf an, ob der Umpackhinweis ordnungsgemäß angebracht wurde.

Schwierigkeiten könnten allerdings auftreten, sollte der Parallelhändler das De-Branding mit einem Co-Branding kombinieren, so dass auf der äußeren Packung nur das Logo des Parallelhändlers, nicht aber des Originalherstellers zu sehen ist. Folgt man der Rechtsprechung, nach der die rechtliche Grenze des Co-Branding dort verläuft, wo dieses nicht mehr – erlaubte – Kennzeichnung einer – erlaubten – Dienstleistung, nämlich diejenige des Parallelimporteurs, ist, sondern die Kennzeichen des Originators derart dominiert, dass beim Verkehr der irreführende Eindruck entsteht, der Parallelimporteur garantiere mit seinem Zeichen nicht nur für seine Dienstleistung „Parallelimport", sondern für die Herkunft, also die Entwicklung, Herstellung und Qualität des Produktes selbst,[451] dann kann eine solche Kombination nicht erlaubt sein. Denn wenn schon das Dominieren einen irreführenden Eindruck erwecken kann, dann muss es zwangsläufig auch in dem Fall eintreten, in dem der Verbraucher beim ersten Blick auf die äußere Umhüllung nur die Zeichen des Parallelhändlers wahrnimmt.

III. Praktische Bedeutung des Re-Branding beim Parallelvertrieb

Für die Frage, wann ein Re-Branding vorgenommen werden darf, ist es zunächst unerheblich, ob es sich um ein national oder zentral zugelassenes Arzneimittel handelt. Denn für den Parallelhändler ändert sich aufgrund der Zulassungsart nichts an einer für ihn vorliegenden objektiven Zwangslage. Allerdings ist die praktische Bedeutung des Re-Branding im Parallelvertrieb deutlich geringer als beim Parallelimport. Der Grund dafür liegt darin, dass im Bereich der zentralen Zulassung gemäß Art.6 Abs.1 S.3 der VO 726/2004, abgesehen von Ausnahmefällen, die Verwendung eines einheitlichen Namens für das Arzneimittel gefordert wird. Damit ist es dem Inhaber eines zentral zugelassenen Präparates kaum möglich, eine Zwei-Marken-Strategie zu verfolgen.

Die in der früheren VO 2309/93 noch fehlende Kodifizierung hat ihren Ursprung in der bereits unter Ziffer A. IV. 5. b) cc) dargestellten

451 OLG Hamburg, GRUR-RR 2010, S.43 (45) – Co-Branding.

Dr.Thomae-Entscheidung des EuG aus dem Jahr 2002.[452] Dieses hatte ausgeführt, dass Wortlaut und Geist der Verordnung Nr. 2309/93 zwar die Annahme zulasse, eine Gemeinschaftszulassung dürfe grundsätzlich nur eine Bezeichnung vorsehen; mangels irgendeiner ausdrücklichen Bestimmung in dieser Verordnung rechtfertige dies jedoch nicht die Schlussfolgerung, diese Bezeichnung dürfe nicht durch Hinzufügung anderer Bezeichnungen geändert werden, wenn der Inhaber der Gemeinschaftszulassung nachweise, dass außergewöhnliche Umstände, die eine Gefahr für die öffentliche Gesundheit darstellen, dies erforderten, und wenn die Kommission festgestellt habe, dass die beantragte Änderung überdies die Kriterien der Qualität, Sicherheit und Wirksamkeit des Arzneimittels erfülle.[453]

IV. Zusammenfassung

Das Re-Branding umfasst zwei verschiedene Konstellationen. Bei der Markenersetzung wird die sich zunächst auf der Verpackung befindliche Originalmarke durch die Inlandsmarke des Inhabers ersetzt, beim De-Branding durch die ungeschützte Gattungsbezeichnung.

Da es sich bei der Markenersetzung um keinen Fall der Erschöpfung im Sinne des Art.7 Abs.2 MRRL handelt, weil die ursprüngliche Marke nicht wieder angebracht wird, muss in diesen Fällen anhand der Art.34 und 36 AEUV (Ex-Art.28 und 30 EG) geprüft werden, ob eine unzulässige Beschränkung des freien Warenverkehrs gegeben ist. Da Art.7 MRRL nach der Rechtsprechung des Gerichtshofes ebenso wie Art.36 AEUV (Ex-Art.30 EG) den Zweck hat, die grundlegenden Belange des Markenschutzes mit denen des freien Warenverkehrs im Gemeinsamen Markt in Einklang zu bringen und da mit diesen beiden Bestimmungen dasselbe Ergebnis angestrebt wird, sind sie gleich auszulegen.[454]

Anders als von Teilen der Literatur angenommen, unterfällt auch das De-Branding einer markenrechtlichen Prüfung, weil damit bei Arzneimitteln in der Regel keine vollständige Beseitigung der Marke verbunden ist. Da die Originalmarke auf den Tabletten und Aerosolen selbst sowie auf etwaigen Blisterpackungen verbleibt, definiert der EuGH das De-Branding als bloßes Entfernen der Bezeichnung *auf der äußeren Umhüllung*. Damit wird die Marke im geschäftlichen Verkehr genutzt und

---

452 EuG, Rs. T-123/00 – Dr.Thomae, Slg.2002 S.II-5193.

453 EuG, Rs. T-123/00 – Dr.Thomae, Slg.2002 S.II-5193 Rn.74.

454 EuGH, Rs. C-379/97 – Upjohn, Slg.1999 S.I-6927 Rn.30.

die vom EuGH entwickelten Grundsätze kommen auch hier zum Einsatz.

Beiden Konstellationen ist daher gleich, dass die Ersetzung nicht allein ihren Grund darin haben darf, dass der Parallelhändler dadurch einen wirtschaftlichen Vorteil erlangt. Vielmehr ist erforderlich, dass eine objektive Zwangslage ihn dazu bringt, das Arzneimittel umzubenennen, da ansonsten eine künstliche Marktabschottung gegeben wäre, der ihm einen Parallelhandel unmöglich machen würde. Weil eine solche Zwangslage immer nur dann in Betracht kommt, wenn sich die Inlandsmarke von der Marke des Einfuhrstaats unterscheidet, hat der Parallelhändler im Ergebnis bei Vorliegen einer Zwangslage die Wahl, ob er eine Markenersetzung oder ein De-Branding vornimmt.

Obwohl diese Grundsätze sowohl für national als auch für zentral zugelassene Arzneimittel gelten, ist die praktische Bedeutung des Re-Branding beim Parallelvertrieb deutlich geringer, da gemäß Art.6 Abs.1 S.3 der VO 726/2004, abgesehen von Ausnahmefällen, die Verwendung eines einheitlichen Namens für das Arzneimittel gefordert wird. Somit muss in dem Fall schon der Hersteller eine objektive Zwangslage nachweisen, um das Arzneimittel überhaupt unter verschiedenen Bezeichnungen auf den Markt zu bringen.

C. Zwischenergebnis zum Markenrecht

Wie bereits dargestellt, kann es für den Parallelhändler erforderlich sein, Modifikationen sowohl an der Verpackung als auch der Bezeichnung vorzunehmen, um das Arzneimittel im Einfuhrstaat verkehrsfähig zu machen. Dies gilt sowohl für den Parallelimport als auch für den Parallelvertrieb.

Das zentrale Zulassungsverfahren führt jedoch zu einer deutlichen Harmonisierung des Binnenmarkts für Arzneimittel. Durch die geforderte Vereinheitlichung der Verpackungsgestaltung und der Bezeichnung, bis auf Ausnahmefälle, hat der Hersteller eines zentral zugelassenen Arzneimittels viel weniger Spielraum als der Hersteller eines national zugelassenen Präparates, der sein Arzneimittel rein theoretisch in jedem Mitgliedstaat unter einem anderen Namen und einem anderen Design in den Verkehr bringen könnte. Diese unterschiedlichen Spielräume der Hersteller führen zwangsläufig dazu, dass sich auch der Spielraum der Händler im Parallelvertrieb von dem des Parallelimports unterscheidet. Denn beide sind nur Spiegelbilder dessen, was dem jeweiligen Hersteller erlaubt ist.

So sind bei der Frage der Gestaltung der vom Parallelhändler neu hergestellten Packung die Möglichkeiten im Parallelvertrieb wesentlich eingeschränkter, denn aufgrund des Einheitscharakters kommt beim Parallelvertrieb weder das beim Parallelimport erlaubte Co-Branding noch die Herstellung einer neutralen Verpackung in Betracht. Veränderungen an der Verpackungsgestaltung eines zentral zugelassenen Arzneimittels sind dem Parallelhändler nur dann erlaubt, wenn diese erforderlich sind, die Grundsätze der Boehringer/Swingward II-Entscheidung, nach denen es für die Art und Weise der Verpackungsaufmachung nur auf die mögliche Rufschädigung ankommt, sind nicht anwendbar. Ähnlich verhält es sich beim Re-Branding, das beim Parallelvertrieb eine deutlich geringere Rolle spielt als beim Parallelimport, da gemäß Art.6 Abs.1 S.3 der VO 726/2004, abgesehen von den Ausnahmefällen die Verwendung eines einheitlichen Namens für das zentral zugelassene Arzneimittel gefordert wird.

Diese Spiegelbildlichkeit zeigt sich auch bei der Herstellung von Bündelpackungen. Nicht allein der Hersteller, sondern auch der Parallelhändler von zentral zugelassenen Präparaten darf nur Packungen in der Form auf den Markt bringen, für die er eine Zulassung besitzt. So kommt es, dass die Erforderlichkeit des Umpackens eines zentral zugelassenen Arzneimittels im Gegensatz zum Parallelimport auch dann bejaht wird, wenn eine Bündelung und Neuetikettierung einzelner Packungen ausreichen würde, um die im Inland gebräuchliche Packungsgröße zu erlangen. Die gilt nur dann nicht, wenn der Hersteller für die Form der Bündelpackung eine eigene Zulassung besitzt.

Zwar kritisierte die Literatur nach der Aventis-Entscheidung, es sei nicht nachvollziehbar, warum im Rahmen des zentralen Zulassungsverfahrens stärkere Eingriffe in die nationalen Schutzrechte erforderlich sein sollten als beim herkömmlichen Verfahren. Anstatt sich mit der Zulässigkeit des Bündelns grundsätzlich auseinanderzusetzen, habe der EuGH das Merkmal der Erforderlichkeit beim Parallelvertrieb anders ausgelegt als beim Parallelimport.[455] Gerade die Einschränkungen beim Co- und beim Re-Branding im Parallelvertrieb, durch die der Markeninhaber deutlich weniger Eingriffe in seine Schutzrechte dulden muss als beim Parallelimport, zeigen jedoch, dass diese Kritik nicht berechtigt ist. Der Grund für die Unterschiede zwischen Parallelvertrieb und Parallelimport liegt eben gerade nicht in einer unterschiedlichen Auslegung der Umpackkriterien, sondern trägt allein dem Umstand Rechnung, dass sich das zentrale Zulassungsverfahren von den nationalen Verfahren im Grad der Harmonisierung unterscheidet. Die Umpackkriterien wurden für einen deutlich weniger harmonisierten Binnenmarkt für Arzneimittel entwickelt, als dies im Falle der Gemeinschaftszulassung der Fall ist. Sie gewähren dem Parallelimporteur mehr Freiheiten, weil diese Freiheiten auch dem Hersteller zustehen. Bei der Frage, ob der ein oder andere für den Parallelimport entwickelte Grundsatz in gleicher Weise für den Parallelvertrieb gilt oder nicht, muss also im Ergebnis immer vorgeschaltet geprüft werden, ob dem Hersteller des zentral zugelassenen Arzneimittels dieselben Freiheiten gegeben sind wie dem Hersteller des national zugelassenen Arzneimittels. Nur wenn dies bejaht werden kann, kann ohne Veränderung auf die bisherige Rechtsprechung zum Parallelimport zurückgegriffen werden. Im Ergebnis bedeutet dies, dass eine Unterscheidung des Parallelhandels mit national und zentral zugelassenen Arzneimitteln unter markenrechtlichen Gesichtspunkten nur solange erforderlich ist, bis die Zulassungsverfahren den gleichen Harmonisierungsgrad erreicht haben. Da dies aber bislang nicht der Fall ist, muss vorläufig zwingend zwischen Parallelvertrieb und Parallelimport unterschieden werden.

---

455 Vgl. nur *Douglas*, Die markenrechtliche Erschöpfung, Rn.531.

Kapitel 3 – Arzneimittelrechtliche Probleme

A. Unterrichtung der EMA über den Parallelvertrieb

Wie in Kapitel 1 A. IV. erörtert, wirkt sich die zentrale Zulassung per definitionem auf alle Mitgliedstaaten der EU aus, denn das vom Händler parallel eingeführte Arzneimittel ist immer mit dem vom Hersteller im Einfuhrstaat vertriebenen Arzneimittel im Herstellungsverfahren oder der quantitativen und qualitativen Zusammensetzung identisch. In dieser Situation, die sich aufgrund möglicher Unterschiede zwischen der vom Ausfuhrstaat und der vom Einfuhrstaat erteilten Zulassung stark vom Parallelimport unterscheidet, kann selbst eine vereinfachte Zulassung für den Parallelhändler bei zentral zugelassenen Arzneimitteln daher nicht erforderlich sein. Der Parallelhändler darf also gemäß gemeinschaftlichem Arzneimittelrecht, ohne selbst Zulassungsinhaber zu sein, das Arzneimittel auf den Markt bringen und parallel vertreiben.[456] Nach Art.76 Abs.3 der Richtlinie 2001/83/EG muss er jedoch diese Absicht dem Inhaber der Genehmigung für das Inverkehrbringen und der zuständigen Behörde des Mitgliedstaats, in den das Arzneimittel eingeführt werden soll, mitteilen.

Zudem verlangt die EMA von dem Parallelhändler, dass er sich einem Notifizierungsverfahren unterzieht, bei dem er sie ebenfalls davon unterrichtet, dass er einen Parallelvertrieb vornehmen möchte. Dies geht zurück auf die Mitteilung der Kommission über das gemeinschaftliche Zulassungsverfahren für Arzneimittel vom 22.07.1998[457]. In der Situation des Parallelvertriebs, die sich aufgrund möglicher Unterschiede zwischen der vom Herkunftsmitgliedstaat erteilten und der vom Bestimmungsmitgliedstaat erteilten Zulassung stark vom Parallelimport einzelstaatlich zugelassener Arzneimittel unterscheide, könnten im Hinblick auf die Zulassung eines Parallelvertriebs ausschließlich sprachliche Änderungen der Etikettierung und der Packungsbeilage gemäß Art.4 Abs.2 und Art.8 der Richtlinie 92/27/EWG und/oder, in selteneren Fällen, Än-

456 Mitteilung der Kommission vom 30.12.2003 über Paralleleinfuhren von Arzneispezialitäten, deren Inverkehrbringen bereits genehmigt ist, KOM (2003) 839 endg., S.10.

457 Mitteilung der Kommission über das gemeinschaftliche Zulassungsverfahren für Arzneimittel, Amtsblatt Nr. C 229 vom 22.07.1998, S.4 ff.

derungen der Packungsgröße gefordert werden.[458] Die EMA und die nationalen Behörden des Mitgliedsstaats sollten aber darüber unterrichtet werden, dass ein solcher Parallelvertrieb erfolge, um die EMA in die Lage zu versetzen, die Einhaltung der Bestimmungen der Gemeinschaftszulassung zu überprüfen und um die nationalen Behörden in die Lage zu versetzen, den Markt zu überwachen (Chargenidentifikation, Pharmakovigilanz usw.) und die Einhaltung der Bestimmungen nach der Zulassung zu kontrollieren.[459]

I. Das Notifizierungsverfahren der EMA

Am 6.November 1998 veröffentlichte die EMA daraufhin erstmals ein Verfahren zur Unterrichtung der Parallelhändler über den Parallelvertrieb, das so genannte *„Procedure for notifications of parallel distribution of Centrally authorised medical products“*. Dieses wurde zuletzt im April 2003 geändert.[460]

1. Zu übermittelnde Unterlagen

Im Rahmen dieses Verfahrens und basierend auf den in der Mitteilung der Kommission vom 22.07.1998 geforderten vorzulegenden Angaben[461], übermittelt der Parallelhändler drei Monate vor dem Vertrieb ein Formblatt an die EMA, die so genannte *„Notification of Parallel Distribution of a centrally authorised medicial product“*[462], in dem er seine eigenen Daten

458 Mitteilung der Kommission über das gemeinschaftliche Zulassungsverfahren für Arzneimittel, Amtsblatt Nr. C 229 vom 22.07.1998, S.4 (8).

459 Mitteilung der Kommission über das gemeinschaftliche Zulassungsverfahren für Arzneimittel, Amtsblatt Nr. C 229 vom 22.07.1998, S.4 (9).

460 EMA, Procedure for notifications of parallel distribution of Centrally authorised medical products (EMEA-H-30313-98-Rev.2), (abrufbar unter: http://www.ema.europa.eu/docs/en_GB/document_library/Regulatory_and_procedural_guideline/2009/10/WC500004972.pdf)

461 Mitteilung der Kommission über das gemeinschaftliche Zulassungsverfahren für Arzneimittel, Amtsblatt Nr. C 229 vom 22.07.1998, S.4 (8).

462 EMA, Notification of Parallel Distribution of a centrally authorised medicial product (abrufbar unter: http://www.ema.europa.eu/ema/index.jsp?curl=pages/regulation/document_listing/document_listing_000120.jsp&murl=menus/regulations/regulations.jsp&mid=WC0b01ac05800265cc#). Voraussichtlich Anfang 2011 wird auch eine elektronische Übermittlung möglich sein, die Pilotphase startete am 1.August 2010, EMA, Guideline for the specifications of e-submissions of parallel distribution notification documents (EMA/INS/25561/2010), (abrufbar unter:

samt Kopie der Genehmigung zur Ausübung der Tätigkeit eines Arzneimittelgroßhändlers einträgt sowie einen Ansprechpartner nennen muss, der bei Qualitätsproblemen oder Fehlchargen rund um die Uhr erreichbar ist. Hinzu kommen Informationen zum Arzneimittel wie Zulassungsnummer, Markenname und Gattungsbezeichnung (INN), Stärke, Darreichungsform, Art der Verpackung und der Name des Zulassungsinhabers. Auch sind die jeweiligen Ausfuhr- und Einfuhrstaaten anzugeben.[463]

Wird das Arzneimittel umgepackt, müssen zudem die Daten des Umpackers und die genaue Art des Umpackens angegeben werden. Der Parallelhändler nennt dabei seine gewünschten Modifikationen und bestätigt, dass im Falle einer Änderung der Packungsform diese auch vom Originalhersteller zugelassen wurde. Überdies muss er bestätigen, dass der Originalzustand der Ware nicht beeinträchtigt wurde. Der Parallelhändler übermittelt der EMA dabei so genannte Mock-ups (Modelle) seiner gewünschten Verpackung und der Packungsbeilage. Hier muss er besonders darauf achten, dass der Umpackhinweis angebracht und die eventuell bestehende Blue-Box des Ausfuhrmitgliedstaates durch die des Einfuhrmitgliedstaates ersetzt wurde.[464] Überdies hat er eine Kopie der Herstellergenehmigung beizulegen und die nachträgliche Verpflichtung zu akzeptieren, dass die Produktinformation, also Etikettierung und Packungsbeilage, auch zukünftig in Übereinstimmung mit den Entscheidungen der Kommission sein wird.[465] Hintergrund ist, dass der Zulassungsinhaber jederzeit Änderungen an der Produktinformation vornehmen kann. Die Parallelgroßhändler müssen daher regelmäßig

---

http://www.ema.europa.eu/docs/en_GB/document_library/Regulatory_and_procedural_guideline/2010/08/WC500095766.pdf).

463 EMA, Post-authorisation Guidance on Parallel Distribution, Frage 3, S.6 (EMEA/Ho/2368/Rev 4), (abrufbar unter: http://www.ema.europa.eu/docs/en_GB/document_library/Regulatory_and_procedural_guideline/2009/10/WC500005178.pdf).

464 EMA, Explanatory Notes, S.6 (EMEA/266756/200), (abrufbar unter: http://www.ema.europa.eu/docs/en_GB/document_library/Regulatory_and_procedural_guideline/2009/10/WC500005182.pdf).

465 EMA, Post-authorisation Guidance on Parallel Distribution, Frage 3, S.6 (EMEA/Ho/2368/Rev 4), (abrufbar unter: http://www.ema.europa.eu/docs/en_GB/document_library/Regulatory_and_procedural_guideline/2009/10/WC500005178.pdf).

prüfen, ob sich der Inhalt der Kommissionsentscheidung geändert hat.[466] Diese sowie jegliche weitere zukünftige Veränderungen müssen der EMA angezeigt werden.

2. *Verfahrensablauf und Gebühren*

Nach Erhalt des Formblatts validiert die EMA innerhalb von fünf Tagen die Unterlagen. Die Prüfung der Übereinstimmung der Produktinformationen mit der aktuellen Kommissionsentscheidung dauert weitere 30 Tage. Übermittelt der Parallelgroßhändler in dieser Zeit Änderungen an der Etikettierung oder der Packungsbeilage, beginnt erneut eine Frist von 30 Tagen. Eine Bestätigungsanzeige an den Parallelgroßhändler, die nationalen Behörden sowie den Originalhersteller darüber, dass der gewünschte Parallelvertrieb im Einklang mit den Bestimmungen der Gemeinschaftszulassung steht,[467] erfolgt, wenn eine Gebühr an die EMA gezahlt wurde. Diese beträgt momentan € 3.870 und umfasst alle Packungsgrößen der spezifischen Stärke und Darreichungsform des Arzneimittels.[468] Daneben können zusätzliche Kosten entstehen, wenn das Arzneimittel auf unterschiedliche Weise präsentiert wird und sich dadurch Etikettierung und Packungsbeilage ändern. Dies gilt ebenfalls in solchen Fällen, in denen der Parallelgroßhändler das Arzneimittel in mehreren Mitgliedstaaten vertreiben will, in denen aber nicht dieselbe Sprache gesprochen wird. Seit dem 01.Dezember 2005 muss die Gebühr nicht mehr im Voraus an die EMA gezahlt werden, sondern diese sendet nach Erhalt der Unterlagen eine Rechnung, die der Parallelgroßhändler innerhalb der nächsten 45 Tage begleichen muss.[469] Die Gebührenforderung selbst stützt die EMA auf die VO 297/95.[470] Denn nach Art.8 Abs.3

---

466 *Wagner*, Europäisches Zulassungssystem für Arzneimittel und Parallelhandel, S.220.

467 EMA, Post-authorisation Guidance on Parallel Distribution, Frage 6, S.10 (EMEA/Ho/2368/Rev 4), (abrufbar unter: http://www.ema.europa.eu/docs/en_GB/document_library/Regulatory_and_procedural_guideline/2009/10/WC500005178.pdf).

468 EMA, Explanatory note on fees payable to the European Medicines Agency, S.32 (EMA/818151/2009), (abrufbar unter: http://www.ema.europa.eu/docs/en_GB/document_library/Other/2011/03/WC500104380.pdf).

469 EMA, Post-authorisation Guidance on Parallel Distribution, Frage 12, S.18 (EMEA/Ho/2368/Rev 4), (abrufbar unter: http://www.ema.europa.eu/docs/en_GB/document_library/Regulatory_and_procedural_guideline/2009/10/WC500005178.pdf).

470 Amtsblatt vom 15.02.1995, Nr. L 35 S.1 ff.

der VO 297/95 ist es der EMA erlaubt, eine Verwaltungsgebühr zu erheben, wenn die im Fall des Parallelvertriebs erforderlichen Informationen geprüft werden müssen.

II. Rechtsgrundlage des Notifizierungsverfahrens der EMA

Das Notifizierungsverfahren lässt sich in zwei Schritte unterteilen, nämlich zunächst die Anzeige des Parallelvertriebs durch den Parallelhändler und daraufhin die Bestätigungsanzeige durch die EMA. Denn im Falle eines Ausbleibens der Zahlung macht die EMA in ihren Leitlinien klar, sie könne entscheiden, die gewünschte Überprüfung entweder nicht vorzunehmen oder die sich im Gange befindliche Überprüfung einzustellen. Dies hieße dann, dass die Anzeige des Parallelhändlers nicht geprüft werde und damit auch keine Bestätigungsanzeige erfolge.[471]

Im Ergebnis bedeutet das also, dass die EMA sowohl von einer Anzeigepflicht des Parallelhändlers ausgeht als auch davon, dass er im Sinne eines Genehmigungsverfahrens ihre gebührenpflichtige Bestätigungsanzeige abwarten muss, bevor er mit dem Parallelvertrieb beginnen darf. Diese Handhabung wird jedoch von einigen Parallelhändlern angezweifelt und in der Praxis nur von einem Teil vorgenommen.[472] In einer Stellungnahme gegenüber Europe Economics im Jahr 2008 zeigte sich selbst die EMA nicht mehr gänzlich sicher, ob ihr Verfahren rechtlich auf sicheren Füßen steht:

> „The legal instrument with which to regulate parallel distribution is currently disputed by the parallel trade industry. It is not clear that there would be a legal basis for EMA to issue the notices or licences. The nearest there is, is Article 57 (0) of Regulation 726/2004. In agreement with the European Commission, this has been interpreted as justifying a prospective notification procedure and the procedure is described in a Post-Authorisation Guidance on Parallel distribution […]"[473]

---

471 EMA, Post-authorisation Guidance on Parallel Distribution, Frage 12, S.18 (EMEA/Ho/2368/Rev 4), (abrufbar unter: http://www.ema.europa.eu/docs/en_GB/document_library/Regulatory_and_procedural_guideline/2009/10/WC500005178.pdf).

472 *Römhild/Lübbing*, in Dieners/Reese, Handbuch des Pharmarechts, § 15 Rn.27.

473 Europe Economics, Safe Medicines through Parallel Trade, S.34 (abrufbar unter: http://ec.europa.eu/health/files/pharmacos/docs/doc2008/2008_10/annexes_corr_en.pdf).

Nachfolgend muss demnach geprüft werden, auf welche Rechtsgrundlagen sich diese beiden geforderten Schritte stützen lassen.

1. *Anzeigepflicht*

Die Anzeigepflicht könnte sich zunächst aus der Mitteilung der Kommission vom 22. Juli 1998 ergeben. Allerdings handelt es sich bei den Mitteilungen der Kommission um Akte sui generis. Sie lassen sich unter keinen der in Art.288 AEUV (Ex-Art.249 EG) aufgeführten Rechtsakte subsumieren. Weder werden sie in Form einer verbindlich wirkenden Verordnung, Richtlinie oder Entscheidung erlassen noch können sie als unverbindlich wirkende Stellungnahme oder Empfehlung angesehen werden.[474] Ausgehend von der strikten Bindung an die Rechtshandlungsformen aus Art.288 AEUV (Ex-Art.249 EG), vermag die Kommission durch die Mitteilung keine bindenden Anweisungen zu erteilen.[475] Davon geht auch die Kommission selbst aus und sieht die Mitteilungen lediglich als *Richtschnur* an.[476] Eine Pflicht zur Anzeige des Parallelvertriebs lässt sich folglich daraus nicht ableiten.

Möglicherweise ergibt sich eine Anzeigepflicht aber aus sekundärem Gemeinschaftsrecht. Obwohl die zunächst geltende VO 2309/93 keine ausdrücklichen Regelungen über den Parallelvertrieb enthielt, bejahte hier die Literatur aus Gründen der Arzneimittelsicherheit eine Anzeigepflicht des Parallelhändlers.[477] Gemäß Art.15 Abs.2 S.2 VO 2309/93 sei der Zulassungsinhaber dazu verpflichtet, die EMA, die Kommission sowie die Mitgliedstaaten unverzüglich über alle neuen Informationen, die die Beurteilungen der Vorteile und Risiken des betreffenden Arzneimittels beeinflussen, zu unterrichten. Der Parallelgroßhändler sei zwar nicht die zum Inverkehrbringen berechtigte Person und er nehme auch – soweit er korrekt etikettiere und eine zutreffende Packungsbeilage beilege – keine Änderungen vor, allerdings sei die Tatsache, dass er einen Parallelvertrieb vornehme, eine neue Information, die aus arzneimittelrechtlicher Sicht relevant sei. Da er sich zudem hinsichtlich des

---

474 *Pampel*, EuZW 2005, S.11 (12); *Walzel*, Bindungswirkung ungeregelter Vollzugsinstrumente der EU-Kommission, S.88.

475 *Pühs*, Der Vollzug von Gemeinschaftsrecht, S.122; *Pampel*, EuZW 2005, S.11 (12).

476 Vollendung des Binnenmarktes: Weißbuch der Kommission an den Europäischen Rat, KOM (1985)310/endg. Rn.155.

477 *Wagner*, Europäisches Zulassungssystem für Arzneimittel und Parallelhandel, S.217.

Etikettierens und des Beilegens der Packungsbeilage gewissermaßen die Stellung eines Zulassungsinhabers bzw. des regulären Herstellers anmaße, müsse er seine Aktivitäten auch gleich diesen überprüfen lassen. Dies könne nur durch eine Anzeigepflicht sichergestellt werden. Damit ergebe sich eine solche Pflicht für ihn aus der analogen Anwendung des Art.15 Abs.2 S.2 der VO 2309/93.[478]

Dieser Ansicht ist zuzustimmen. Der Parallelhändler schafft durch das Ersetzen der Etikettierung und der Packungsbeilage des Ausfuhrstaates mit denen des Einfuhrstaates einen neuen Tatbestand, der das Risiko ordnungsgemäßer Kennzeichnung beeinflussen kann.[479] Eine effektive Arzneimittelüberwachung macht es demnach notwendig, der EMA die Aufnahme des Parallelvertriebs anzuzeigen. An dieser Einschätzung ändert auch die Ersetzung der VO 2309/93 durch die VO 726/04 nichts. Art.15 Abs.2 der VO 2309/93 findet sich wortgleich wieder in Art.16 Abs.2 der VO 726/04[480], so dass auch hier einer analogen Anwendung nichts entgegensteht.[481]

Zudem folgt aus dem Erwägungsgrund 28 der VO726/04, es sei im Sinne größerer Rechtssicherheit erforderlich, die Aufgaben der Agentur in Bezug auf die Regeln für die Transparenz ihrer Arbeit zu präzisieren,

---

478 *Wagner*, Europäisches Zulassungssystem für Arzneimittel und Parallelhandel, S.217.

479 So auch *Lieck*, Der Parallelhandel mit Arzneimitteln, Rn.107.

480 Wortlaut des Art.16 Abs.2 der VO 726/04:

Der Inhaber der Genehmigung für das Inverkehrbringen teilt der Agentur, der Kommission und den Mitgliedstaaten unverzüglich alle neuen Informationen mit, die die Änderung der Angaben oder Unterlagen gemäß Artikel 8 Absatz 3, den Artikeln 10, 10a, 10b und 11 sowie Anhang I der Richtlinie 2001/83/EG oder gemäß Artikel 9 Absatz 4 der vorliegenden Verordnung nach sich ziehen könnten.

Insbesondere teilt er der Agentur, der Kommission und den Mitgliedstaaten unverzüglich alle Verbote oder Beschränkungen durch die zuständigen Behörden jedes Landes, in dem das Humanarzneimittel in Verkehr gebracht wird, sowie alle anderen neuen Informationen mit, die die Beurteilung des Nutzens und der Risiken des betreffenden Humanarzneimittels beeinflussen könnten.

Damit das Nutzen-Risiko-Verhältnis kontinuierlich bewertet werden kann, kann die Agentur vom Inhaber der Genehmigung für das Inverkehrbringen jederzeit Daten anfordern, die belegen, dass das Nutzen-Risiko-Verhältnis weiterhin positiv ist.

481 Vgl. auch *Rehmann*, Arzneimittelgesetz, Vor § 21 AMG Rn.32.

bestimmte Bedingungen für die Vermarktung eines von der Gemeinschaft genehmigten Arzneimittels festzulegen, der Agentur eine Kontrollbefugnis bezogen auf den Vertrieb der in der Gemeinschaft genehmigten Arzneimittel zu übertragen sowie die Sanktionen und ihre Durchführungsmodalitäten genau zu bestimmen, falls die Bestimmungen dieser Verordnung sowie die Bedingungen für die Genehmigungen, die gemäß den in dieser Verordnung festgelegten Verfahren erteilt wurden, nicht eingehalten würden. Dies entspricht der Auffassung der Kommission, die in ihrer im Jahr 2003 veröffentlichten Mitteilung zur Paralleleinfuhr von Arzneimitteln die bereits 1998 getätigte Aussage zur Unterrichtungspflicht fast wortgleich wiedergab, jedoch erweitert mit der Anmerkung, sie schlage vor, dieses System im Rahmen der gegenwärtigen Überarbeitung der pharmazeutischen Rechtsvorschriften verbindlich auszugestalten.[482]

So findet sich nun in Art.57 Abs.1 lit.o) der VO 726/04 die Aussage, die Agentur nehme beim Parallelvertrieb von gemäß dieser Verordnung genehmigten Arzneimitteln die Prüfung der Einhaltung der Bedingungen wahr, die in den gemeinschaftlichen Rechtsvorschriften über Arzneimittel und den Genehmigungen für das Inverkehrbringen festgelegt seien. Damit ist der EMA eine verbindliche Kontrollbefugnis bezüglich des Parallelvertriebs eingeräumt worden.

2. *Genehmigungsverfahren*

Nach Einführung der VO 726/04 und unter Bezugnahme auf den dort enthaltenen Art.57 Abs.1 lit.o) erklärte die EMA in ihrer Leitlinie, dass das von ihr eingerichtete Verfahren nun von jedem Parallelhändler zwingend einzuhalten sei.[483] Fraglich ist auch hier, auf welche Rechtsgrundlage sich dieses Genehmigungsverfahren stützen lässt.

a) *Leitlinie der EMA*

Zunächst kommt die Leitlinie der EMA selbst als Rechtsgrundlage des Genehmigungsverfahrens in Betracht. Gemäß Art.71 der VO 726/04 be-

---

482 Mitteilung der Kommission vom 30.12.2003 über Paralleleinfuhren von Arzneispezialitäten, deren Inverkehrbringen bereits genehmigt ist, KOM (2003) 839 endg., S.18.

483 EMA, Post-authorisation Guidance on Parallel Distribution, Frage 2, S.5 (EMEA/Ho/2368/Rev 4), (abrufbar unter: http://www.ema.europa.eu/docs/en_GB/document_library/Regulatory_and_procedural_guideline/2009/10/WC500005178.pdf).

sitzt die EMA eine eigene Rechtspersönlichkeit. Sie besitzt in jedem Mitgliedstaat die weitestgehende Rechts- und Geschäftsfähigkeit, die juristischen Personen nach dessen Rechtsvorschriften zuerkannt ist. Dennoch gehört die EMA nicht zu den Organen, denen durch Art.288 AEUV (Ex-Art.249 EG) eine verbindliche Rechtshandlungsform eingeräumt wurde. Die Leitlinie hat damit allein die Qualität einer Verwaltungsrichtlinie. Verwaltungsrichtlinien binden aber nur Behörden im Innenverhältnis, sie haben nicht die Qualität einer Rechtsnorm.[484] Zum selben Ergebnis kommt auch die Kommission. Dies wird durch ein Schreiben an das deutsche Bundesministerium für Gesundheit aus dem Jahr 2000 bestätigt. Dort stellte sie klar:

> „The EMA procedure must therefore be seen and cannot be more than an offer and service for those parallel distributors who wish to ensure in advance that the product which is distributed in parallel complies with the terms of the Community authorisation. Parallel distributors are free to fulfill their obligations under Community law independently and in a different form. In such case, however, they take their own risk and may face administrative problems at Community and Member State level."[485]

Damit lässt sich aus der Leitlinie der EMA keine Rechtsgrundlage für ein Genehmigungsverfahren ableiten.

b) Art.57 Abs.1 lit.o) der VO 726/04

Möglicherweise ergibt sich aber direkt aus der VO 726/04 eine Rechtsgrundlage für das von der EMA vorgegebene Genehmigungsverfahren. Aus dem von der EMA in ihren Leitlinien angegebenen Art.57 Abs.1 lit.o) der VO 726/04 lässt sich, wie bereits angesprochen, entnehmen, dass die EMA beim Parallelvertrieb von gemäß der VO 726/04 genehmigten Arzneimitteln die Prüfung der Einhaltung der Bedingungen wahrnimmt, die in den gemeinschaftlichen Rechtsvorschriften über Arzneimittel und den Genehmigungen für das Inverkehrbringen festgelegt sind. Ob sich daraus aber ein gebührenpflichtiges Genehmigungsverfahren ableiten lässt, muss anhand einer Auslegung der Norm untersucht werden.

---

484 *Köhler*, GRUR 2004, S.381 (383).

485 Schreiben der Kommission, Enterprise Directorate – General, an das deutsche Bundesministerium für Gesundheit vom 07.06.2000, Az.: 07 189 (unveröffentl.); nachzulesen bei *Römhild/Lübbing*, in Dieners/Reese, Handbuch des Pharmarechts, § 15 Rn.28.

aa) Historische Auslegung

Obwohl die EMA in ihrer Stellungnahme gegenüber Europe Economics ausführt, in Übereinstimmung mit der Kommission sei Art.57 Abs.1 lit.o) als Notifizierungsverfahren verstanden worden, deren genauer Ablauf sich in den Leitlinien der EMA wiederfinde,[486] führen gerade die beiden Mitteilungen der Kommission von 1998 und 2003 zu einer anderen Auffassung. Denn beide Mitteilungen besagen ausdrücklich, dass gerade *keine weitere Zulassung notwendig*[487] bzw. *keine weitere Genehmigung erforderlich*[488] sei, sondern ausschließlich die Kenntnisnahme der EMA über den Parallelvertrieb verlangen. Es zeigt sich also, dass auch die Kommission nicht von einem weiteren Genehmigungsverfahren für die Zulässigkeit des Parallelvertriebs ausgeht, sondern nur von einer Pflicht des Parallelhändlers, den Parallelvertrieb anzuzeigen. Demnach führt die historische Auslegung nicht zur Annahme eines Genehmigungsverfahrens.

bb) Auslegung nach Wortlaut und Systematik

Ausgehend vom Wortlaut des Art.57 Abs.1 lit.o) findet sich kein Hinweis auf ein Genehmigungsverfahren. Es fehlt nicht nur an der ausdrücklichen Verpflichtung der EMA, nach der Anzeige des Parallelhändlers eine Genehmigung auszusprechen, sondern auch an der ausdrücklichen Verpflichtung des Parallelhändlers, eine Genehmigung seitens der EMA abzuwarten.[489]

Allerdings wird innerhalb der VO 726/04 das Wort *„Prüfung"* neben Art.57 Abs.1 lit.o) nur in Titel II *„Genehmigung und Überwachung von Humanarzneimitteln"*, Kapitel 1 *„Vorlage und Prüfung von Anträgen - Genehmigungen"*, verwendet. Dort bezieht sich eine Prüfung immer auf eine Vorabkontrolle von Anträgen auf Genehmigung für das

---

486 Europe Economics, Safe Medicines through Parallel Trade, S.34 (abrufbar unter: http://ec.europa.eu/health/files/pharmacos/docs/doc2008/2008_10/annexes_corr_en.pdf).

487 Mitteilung der Kommission über das gemeinschaftliche Zulassungsverfahren für Arzneimittel, Amtsblatt Nr. C 229 vom 22.07.1998, S.4 (9).

488 Mitteilung der Kommission vom 30.12.2003 über Paralleleinfuhren von Arzneispezialitäten, deren Inverkehrbringen bereits genehmigt ist, KOM (2003) 839 endg., S.18.

489 OLG Hamburg, PharmR 2009, S.559 (562) – EMEA-Vorab-Genehmigungsverfahren.

Inverkehrbringen.[490] Würde man diese Systematik auf den gesamten Sprachgebrauch der VO 726/04 ausdehnen, so schlösse sich auch der in Art.57 Abs.1 lit.o) erwähnten Prüfung beim Parallelvertrieb ein Genehmigungsverfahren an. Die Anzeige des Parallelhändlers müsste dann als Antrag auf Genehmigung für das Inverkehrbringen verstanden werden.

Dagegen lässt sich jedoch ebenfalls als systematisches Argument einwenden, dass dies dann konsequenterweise unter Titel II, Kapitel 1 hätte Erwähnung finden müssen.[491] Tatsächlich wird der Parallelvertrieb aber ausschließlich in Art.57 Abs.1 lit.o) unter Titel IV *„Europäische Arzneimittel-Agentur – Zuständigkeit und Verwaltungsstruktur"* erwähnt. Daraus ergibt sich, dass es dort nur um die Zuständigkeit der EMA für den Parallelvertrieb geht, nicht aber um mögliche Verfahrensregeln eines Genehmigungsverfahrens. Zudem spricht gegen einen solchen Sprachgebrauch, dass Art.57 Abs.1 lit.o) der EMA als Aufgabe *„bei Parallelvertrieb von gemäß dieser Verordnung genehmigten Arzneimitteln Prüfung der Einhaltung der Bedingungen, die in den gemeinschaftlichen Rechtsvorschriften über Arzneimittel und den Genehmigungen für das Inverkehrbringen festgelegt sind."*, zuweist. Art.57 Abs.1 lit.o) spricht demnach ausdrücklich vom Parallelvertrieb bereits genehmigter Arzneimittel und nicht wie in Titel II, Kapitel 1 von der Genehmigung für das Inverkehrbringen. Es sollen also nicht die Bedingungen für eine Genehmigung zum Inverkehrbringen, sondern nur deren Einhaltung überprüft werden. Eine Einhaltung muss aber gerade nicht vorab kontrolliert werden, denn die Bedingungen für eine Genehmigung auf Inverkehrbringen sind zu diesem Zeitpunkt bereits erfüllt. Hinzu kommt, dass die Einhaltung als solche auch nicht in Titel II, Kapitel 1 erwähnt wird. Denn dort wird bei der Versagung einer Genehmigung nach der Prüfung von einem „fehlenden Nachweis"[492] gesprochen und nicht etwa von einer Nichteinhaltung. Damit lässt sich ausgehend von Wortlaut und Systematik kein zwingendes Genehmigungsverfahren aus Art.57 Abs.1 lit.o) ableiten.

---

490 Vgl. z.B. Art.12 Abs.1 der VO 726/04, nach dem die Genehmigung für das Inverkehrbringen eines Humanarzneimittels versagt wird, wenn sich *nach* der Prüfung ergibt, dass der Antragsteller die Qualität, die Sicherheit oder die Wirksamkeit des Arzneimittels nicht angemessen oder ausreichend nachgewiesen hat.

491 So im Ergebnis auch OLG Hamburg, PharmR 2009, S.559 (562) – EMEA-Vorab-Genehmigungsverfahren.

492 Vgl. Art.12 Abs.1 der VO 726/04.

cc) Teleologische Auslegung

Weiterhin ist zu prüfen, ob der Sinn und Zweck des Art.57 Abs.1 lit.o) ein Genehmigungsverfahren nahelegt. Wie bereits unter Kapitel 3. A. I. angesprochen, macht der Erwägungsgrund 28 der VO 726/04 deutlich, dass der EMA im Sinne größerer Rechtssicherheit eine Kontrollbefugnis bezogen auf den Vertrieb der in der Gemeinschaft genehmigten Arzneimittel übertragen werden soll. Diese Kontrollbefugnis wird der EMA durch Art.57 Abs.1 lit.o) ausdrücklich eingeräumt. Es handelt sich hier also um eine Aufgabenzuteilung, die jedoch keine Aussage darüber trifft, in welcher Art kontrolliert werden soll. Denn aus Erwägungsgrund 28 geht ebenfalls hervor, dass Sanktionen und deren Durchführungsmodalitäten, falls die Bestimmungen dieser Verordnung sowie die Bedingungen für die Genehmigungen, die gemäß den in dieser Verordnung festgelegten Verfahren erteilt wurden, nicht eingehalten werden, genau zu bestimmen seien. Solche Sanktionen und deren Durchführungsmodalitäten sind in Art.57 Abs.1 lit.o) der Verordnung im Bezug auf den Parallelvertrieb gerade nicht bestimmt worden. Es würde daher der Rechtssicherheit zuwiderlaufen, in Art.57 Abs.1 lit.o) ein Genehmigungsverfahren hinein zu interpretieren, für das überhaupt keine genau bestimmten Bedingungen und Sanktionen vorgesehen sind.[493]

Weiterhin ist zu überlegen, ob ein Genehmigungsverfahren für den Parallelvertrieb überhaupt verhältnismäßig erscheint. Im Sinne der Patientensicherheit sollen durch das Notifizierungsverfahren die Etikettierung und die Packungsbeilage daraufhin überprüft werden, ob sie mit denen des Originalherstellers übereinstimmen, um mögliche dadurch auftretende Anwendungsfehler zu verhindern. Eine inhaltliche Prüfung ist nicht erforderlich, denn darauf wurden die Originalunterlagen bereits im zentralen Zulassungsverfahren genau überprüft. Dies gilt ebenso für sämtliche in den Erwägungsgründen 13 und 14 der VO 726/04 erwähnten und zu vermeidenden Risiken wie Qualität, Sicherheit und Wirksamkeit des betreffenden Arzneimittels. Wenn aber alle in den Erwägungsgründen genannten Gesundheitsrisiken bereits durch das zentrale Zulassungsverfahren geprüft werden, lässt dies darauf schließen, dass das durch das Notifizierungsverfahren zu vermeidende Risiko als nicht ähnlich hoch eingeschätzt wird. Ansonsten hätte auch dieses nur beim

---

493 So auch OLG Hamburg, PharmR 2009, S.559 (563) – EMEA-Vorab-Genehmigungsverfahren.

Parallelvertrieb bestehende Risiko ebenfalls in den Erwägungsgründen Erwähnung gefunden.

Allerdings hat der BGH unter Verweis auf die Patientensicherheit in einer Entscheidung zu einem zur Eigenanwendung bestimmten In-vitro-Diagnostikum festgestellt, dass solche Produkte von einem Parallelimporteur erst in Verkehr gebracht werden dürften, wenn Etikettierung und Gebrauchsanweisung nicht nur in der jeweiligen Amtssprache vorliegen, sondern auch vorab im Sinne eines Konformitätsbewertungsverfahrens nach Maßgabe des § 37 MPG überprüft worden seien. Zwar würden lediglich solche Veränderungen an der Verpackung des bereits als fertiges In-vitro-Diagnostikum im Europäischen Wirtschaftsraum in Verkehr gebrachten Produkts vorgenommen, die erforderlich seien, um das Produkt in Deutschland verkehrsfähig zu machen. Denn nach § 11 Abs.2 S.1 MPG dürften Medizinprodukte in Deutschland nur an den Anwender abgegeben werden, wenn die für ihn bestimmten Informationen in deutscher Sprache abgefasst seien. Durch das Umpacken werde aber ein neues Medizinprodukt im Sinne von § 3 Nr.1 und 4 MPG hergestellt. Der Vertrieb des umgepackten parallelimportierten Produkts stelle ein erstmaliges Inverkehrbringen eines In-vitro-Diagnostikums zur Eigenanwendung dar.[494] Die Vorabprüfung sei auch mit Art.34, 36 AEUV (Ex-Art.28, 30 EG) vereinbar, weil sie zur Abwendung der besonderen Gefahren geboten sei, die mit der Eigenanwendung von In-vitro-Diagnostika für die Gesundheit der Endverbraucher verbunden seien.[495]

Es stellt sich daher die Frage, ob der Parallelhandel mit In-vitro-Diagnostika eine dem Parallelvertrieb vergleichbare Situation darstellt, so dass die vom BGH angestellten Erwägungen auch auf diesen Anwendung finden könnten. Beiden ist zunächst gleich, dass ihre Unterlagen vor dem Parallelhandel bereits inhaltlich überprüft wurden. In-vitro-Diagnostika dürfen als Medizinprodukte gemäß § 6 Abs.1 S.1 MPG in Deutschland nur in Verkehr gebracht werden, wenn sie mit einer CE-Kennzeichnung nach Maßgabe des § 6 Abs.2 Satz 1 MPG versehen sind. Das entsprechende Konformitätsbewertungsverfahren ist gemäß § 3 Nr.20 MPG bei einer sogenannten „Benannten Stelle" durchzuführen. Jedoch handelt es sich bei der Benannten Stelle nicht um eine einzige Stelle. Vielmehr verfügt jeder Mitgliedstaat über eigene Stellen. Hier besteht der entscheidende Unterschied zum Parallelvertrieb. Denn dort kann der Parallelhändler die aktuelle Etikettierung und Packungsbeilage

---

494 BGH, GRUR 2010, S.756 (757) – One Touch Ultra.

495 BGH, GRUR 2010, S.756 (758) – One Touch Ultra.

des jeweiligen Arzneimittels jederzeit und in allen Sprachen der Mitgliedstaaten über die Seite der EMA abrufen, da die EMA nach der Zulassung einen so genannten European Public Assessment Report (EPAR) über das Arzneimittel veröffentlicht.[496] Er kann dort also ohne Probleme die entsprechenden Unterlagen des Einfuhrlandes einsehen und damit die des Ausfuhrlandes ersetzen. Genau diese Vorgehensweise beschreibt auch die EMA in ihren Leitlinien.[497] Eine Eigenleistung muss er somit nicht erbringen. Das Risiko einer falschen Etikettierung oder Packungsbeilage ist aber deutlich geringer als im Bereich der Medizinprodukte, wo keine zentrale Stelle mit allen Informationen vorhanden ist. Die Situation ist folglich nicht vergleichbar.

Zur Vermeidung von Gesundheitsrisiken ist es demnach zwar sinnvoll, die Unterlagen des Parallelhändlers zu kontrollieren, es würde aber der Warenverkehrsfreiheit des Parallelgroßhändlers zuwiderlaufen, nur aus dem Grund eines Unterlagenabgleichs ein weiteres Genehmigungsverfahren zu verlangen. Eine frühzeitige Anzeige des Parallelvertriebs bei der EMA ist hier ausreichend.[498] Die Prüfungspflicht, die die EMA von Amts wegen zu erfüllen hat, bedeutet also auch nach Sinn und Zweck der Verordnung nicht, dass ein bereits einmal zentral zugelassenes Arzneimittel vor Aufnahme eines Parallelvertriebs noch ein zweites Mal zu genehmigen ist.

dd) Zusammenfassung

Im Ergebnis lässt sich aus Art.57 Abs.1 lit.o) der VO 726/04 keine Rechtsgrundlage für ein Genehmigungsverfahren ableiten. Weder Wortlaut noch Systematik der Norm lassen auf eine Verpflichtung der EMA schließen, nach der Anzeige des Parallelhändlers eine Genehmigung auszusprechen.[499] Überdies fehlt es an einer ausdrücklichen Verpflich-

---

496 EMA, European Assessment Report, (abrufbar unter: http://www.ema.europa.eu/ema/index.jsp?curl=pages/medicines/landing/epar_search.jsp&murl=menus/medicines/medicines.jsp&mid=WC0b01ac058001d124&jsenabled=true).

497 EMA, Post-authorisation Guidance on Parallel Distribution, Frage 7, S.12 (EMEA/Ho/2368/Rev 4), (abrufbar unter: http://www.ema.europa.eu/docs/en_GB/document_library/Regulatory_and_procedural_guideline/2009/10/WC500005178.pdf).

498 Im Ergebnis ebenfalls OLG Hamburg, PharmR 2009, S.559 (562) – EMEA-Vorab-Genehmigungsverfahren.

499 So nun auch LG München, Urteil vom 15.11.2010 – 11HK O 7139/10 (noch nicht veröffentlicht).

tung des Parallelhändlers, eine Genehmigung seitens der EMA abzuwarten. Es entspricht zudem auch nicht dem Sinn und Zweck des Art.57 Abs.1 lit.o) eine solche Verpflichtung anzunehmen, denn er soll nur im Sinne der Rechtssicherheit die Zuständigkeit der EMA zur Überprüfung des Parallelvertriebs festlegen. Da er keine genauen Angaben zu Sanktionen und deren Durchführungsmodalitäten enthält, würde es aber der Rechtssicherheit gerade zuwiderlaufen, wenn in bloße Kompetenznormen wie den Art.57 Abs.1 lit.o) ein Genehmigungsverfahren hineininterpretiert würde. Hinzu kommt, dass es bei einer Güterabwägung des öffentlichen Interesses an einer Risikominimierung und der Warenverkehrsfreiheit des Parallelhändlers nicht gerechtfertigt wäre, allein zum Abgleich, ob die Etikettierung und die Packungsbeilage zutreffend übernommen wurde, von ihm eine zweite Genehmigung zu verlangen.[500] Eine Anzeige des Parallelvertriebs erscheint hier ausreichend. Diese Auffassung teilt implizit auch die Kommission, wenn sie in ihren Mitteilungen ausführt, dass sie keine weitere Genehmigung für den Parallelhändler für erforderlich hält, sondern allein eine Kenntnisnahme der EMA von dem entsprechenden Parallelvertrieb verlangt.

3. *Zusammenfassung*

Nimmt der Parallelhändler den Parallelvertrieb eines Arzneimittels vor, so muss er sowohl die bestehende Packungsbeilage als auch die Etikettierung durch die des Einfuhrlandes ersetzen. Dazu kann er auf der Seite der EMA den EPAR des Arzneimittels einsehen und dort die Unterlagen für das jeweilige Land übernehmen. Obwohl es sich nur um eine schlichte Übernahme handelt, schafft er einen neuen Tatbestand, der das Risiko ordnungsgemäßer Kennzeichnung beeinflussen kann.[501] In analoger Anwendung des Art.16 Abs.2 der VO 726/04 muss er daher im Sinne einer effektiven Arzneimittelüberwachung der EMA die Aufnahme des Parallelvertriebs anzeigen, so dass diese dann überprüfen kann, ob Originaletikettierung und Originalpackungsbeilage mit der des Parallelhändlers übereinstimmen. Ihre Zuständigkeit dazu ergibt sich aus Art.57 Abs.1 lit.o) der VO 726/04.

Nicht notwendig ist dagegen das Abwarten des Parallelhändlers einer Genehmigung der EMA nach der erfolgten Anzeige. Weder aus der Leitlinie der EMA noch aus Art.57 Abs.1 lit.o) ergibt sich, dass ein weite-

---

500 OLG Hamburg, PharmR 2009, S.559 (563) – EMEA-Vorab-Genehmigungsverfahren.

501 So auch *Lieck*, Der Parallelhandel mit Arzneimitteln, Rn.107.

res, zweites Genehmigungsverfahren nach der zentralen Zulassung zu durchlaufen ist. Für das von der EMA zurzeit betriebene Verfahren fehlt es demnach an einer Rechtsgrundlage.

Die Gebührenzahlungspflicht an die EMA für eben dieses Verfahren entfällt damit ebenfalls. Denn Art.8 Abs.3 der VO 297/95 räumt der EMA nur die Möglichkeit ein, im Rahmen ihrer Kompetenzen Gebühren zu erheben. Wenn aber der EMA durch Art.57 Abs.1 lit.o) der VO 726/04 schon keine Kompetenz zur Durchführung eines Genehmigungsverfahrens eingeräumt wird, lassen sich herfür auch keine Gebühren aus Art.8 Abs.3 der VO 297/95 ableiten.

Sollte die EMA jedoch in Zukunft nur noch Gebühren für das in ihrer Kompetenz stehende Anzeigeverfahren verlangen, so wäre dies von Art.8 Abs.3 der VO 297/95 gedeckt. Allerdings müsste dann darüber nachgedacht werden, ob die bislang erhobene Gebührenhöhe für ein solches Verfahren noch dem Verhältnismäßigkeitsgrundsatz entspricht.

B. Status des Parallelhändlers als pharmazeutischer Unternehmer

Nach § 11 Abs.1 Nr.6 lit.f) AMG dürfen Fertigarzneimittel nur mit einer Packungsbeilage in den Verkehr gebracht werden, die den Namen oder die Firma und die Anschrift des pharmazeutischen Unternehmers trägt. Nach der Legaldefinition in § 4 Abs.18 AMG a.F. war pharmazeutischer Unternehmer, wer Arzneimittel unter seinem Namen in den Verkehr bringt. Mit der 14.AMG-Novelle 2005 wurde jedoch § 4 Abs.18 AMG neu gefasst. Nunmehr ist pharmazeutischer Unternehmer nach § 4 Abs.18 S.1 AMG der Inhaber der Zulassung oder Registrierung. Zudem kann aber nach § 4 Abs.18 S.2 AMG auch derjenige pharmazeutischer Unternehmer sein, der Arzneimittel unter seinem Namen in den Verkehr bringt. Unter Inverkehrbringen versteht das AMG – sowohl vor als auch nach der Novelle – das Vorrätig halten eines Arzneimittels zum Verkauf oder zu sonstiger Abgabe, das Feilhalten und die Abgabe an andere.[502]

Wer pharmazeutischer Unternehmer ist, ist insbesondere im Hinblick auf § 84 AMG von Bedeutung. § 84 AMG ist die entscheidende Norm der Gefährdungshaftung für Arzneimittel. Sie führt zu einem gesonderten Schadensersatzanspruch wegen eines Arzneimittelschadens gegen den pharmazeutischen Unternehmer und setzt keine Sorgfaltspflichtverletzung und kein Verschulden voraus. Die Haftung entsteht gerade aufgrund der gefährlichen Tätigkeit, nämlich aufgrund des Inverkehrbringens. Es ist also nicht erforderlich, dass der pharmazeutische Unternehmer das Arzneimittel selbst hergestellt hat. Hat ein anderer das Arzneimittel entwickelt oder hergestellt, so kann dieser zwar neben dem pharmazeutischen Unternehmer im Außenverhältnis nach den allgemeinen Bestimmungen der §§ 823 ff. BGB haften. Die Haftung des pharmazeutischen Unternehmers bleibt hiervon jedoch unberührt. Sind mehrere pharmazeutische Unternehmer auf der Arzneimittelverpackung oder der Packungsbeilage angegeben, so haften sie im Außenverhältnis als Gesamtschuldner.[503] Dies ist insbesondere die Situation im Falle des Mitvertriebs. Der Mitvertrieb ist eine arzneimittelrechtlich nicht geregelte zivilrechtliche Gestaltung, bei welcher der Inhaber der arzneimittelrechtlichen Zulassung einem anderen Unternehmen durch Vertrag das Recht einräumt, das Arzneimittel in eigenem Namen in den Verkehr

---

502 § 4 Abs.17 AMG.

503 *Rehmann*, AMG, § 84 AMG Rn.2; *Koyuncu*, Haftung für Arzneimittelschäden, S.54.

zu bringen. Die öffentlich-rechtliche Arzneimittelzulassung wird hierbei nicht mit übertragen.[504]

Fraglich ist, wer im Falle des Parallelhandels als pharmazeutischer Unternehmer anzusehen ist.

I. *Parallelimport*

Beim Parallelimport ist nur der Parallelimporteur der pharmazeutische Unternehmer. Denn um das Arzneimittel im Einfuhrland vertreiben zu können, benötigt er eine eigene Zulassung und bringt das Arzneimittel unter seinem Namen in Verkehr.[505] Schon mit Einreichung des Zulassungsantrags für das vereinfachte Zulassungsverfahren ist er verpflichtet, zugleich seinen Status als pharmazeutischer Unternehmer zu belegen. So muss er vor Aufnahme seiner Tätigkeit eine Anzeige nach § 67 Abs.1 AMG bei der zuständigen Landesbehörde stellen sowie einen Stufenplanbeauftragten[506] und einen Informationsbeauftragten[507] benennen, die bekannt gewordene Meldungen über Arzneimittelrisiken sammeln, bewerten und koordinieren müssen bzw. auch dafür verantwortlich sind, dass die Angaben auf den Behältnissen und der Inhalt der Packungsbeilage und Fachinformation mit den im Zulassungsbescheid benannten übereinstimmen. Für Qualitätsmängel der Ware kann zwar der Hersteller nach den allgemeinen Bestimmungen der §§ 823 ff. BGB haften, da der Parallelimporteuer aber pharmazeutischer Unternehmer ist, gehen diese Mängel nach § 84 AMG zunächst auch zu seinen Lasten. Falls er aber nachweisen kann, dass die Ware bereits fehlerhaft war, als er die Ware gekauft hat, kann er versuchen, seinen Vorlieferanten in Regress zu nehmen, so dass die Haftung in solchen Fällen letztendlich auf den Unternehmer zurückfallen kann, der die fehlerhafte Ware erstmals in den Verkehr gebracht hat.[508]

II. *Parallelvertrieb*

Im Bereich des Parallelvertriebs ist die Situation eine andere. Denn da der Parallelgroßhändler keine eigene Zulassung benötigt, bleibt der

---

504 *Fleischfresser*, in: Fuhrmann/Klein/Fleischfresser, Arzneimittelrecht, § 5 Rn.12.

505 OLG Hamburg, GRUR 2002, S.890 (892) – Fertigspritzen-Bündelpackung; GRUR 2010, S.43 (45) – Co-Branding.

506 § 63a AMG.

507 § 74a AMG.

508 *Römhild/Lübbig*, in Dieners/Reese, Handbuch des Pharmarechts, § 15 Rn.32.

Originalhersteller gemäß der Definition nach § 4 Abs.18 S.1 AMG als Zulassungsinhaber weiterhin pharmazeutischer Unternehmer. Es stellt sich daher die Frage, ob der Parallelgroßhändler dennoch neben dem Originalhersteller als pharmazeutischer Unternehmer anzusehen ist, oder nicht. Dafür müsste er das Arzneimittel unter seinem Namen in den Verkehr gebracht haben.

Ob dies jedoch im Parallelvertrieb der Fall ist, war bereits vor der 14.AMG-Novelle umstritten. So wurde von *Wagner* vertreten, dass dem Parallelgroßhändler der Status des pharmazeutischen Unternehmers nicht zugestanden werden solle. Das Gemeinschaftsrecht kenne den Begriff des pharmazeutischen Unternehmers nicht. Nach den Vorschriften der VO 2309/93 könne es nur eine für das Inverkehrbringen verantwortliche Person geben, nämlich die des Zulassungsinhabers. Das Verbringen des Arzneimittels stelle kein Inverkehrbringen dar, im Falle der Gemeinschaftszulassung bedeute ein Inverkehrbringen durch den Zulassungsinhaber irgendwo in der Gemeinschaft das Inverkehrbringen im gesamten Zulassungsgebiet.

Auch durch die Änderung der Etikettierung und der Packungsbeilage oder eine Änderung der Packungsgröße und dem damit in der Regel verbundenen Umpackvorgang werde der Parallelgroßhändler zwar zum Hersteller, nicht aber zum pharmazeutischen Unternehmer. Hersteller und pharmazeutischer Unternehmer könnten nach dem AMG verschiedene Personen sein. Der Parallelgroßhändler sei dann zwar als Hersteller zivil- und strafrechtlich verantwortlich. Dies mache ihn jedoch noch nicht zum pharmazeutischen Unternehmer. Weise der Parallelgroßhändler in irgendeiner Form auf seine Aktivitäten hin, führe dies ebenfalls nicht dazu, dass er das Arzneimittel im Sinne des § 4 Abs.18 AMG a.F. unter seinem Namen in Verkehr bringe und pharmazeutischer Unternehmer werde. Hier sei die Wertung des Gemeinschaftsrechts zu berücksichtigen, nach der es nur eine für das Inverkehrbringen verantwortliche Person geben könne. Der Parallelgroßhändler sei daher kein pharmazeutischer Unternehmer und könne sich auch nicht als solcher bezeichnen.[509]

Dagegen vertrat das OLG Hamburg die Ansicht, auch im Falle des Parallelvertriebs sei regelmäßig der Parallelgroßhändler der pharmazeutische Unternehmer. Die Vorschrift des § 11 Abs.1 Nr.6 lit.f) AMG verlange,

---

509 *Wagner*, Europäisches Zulassungssystem für Arzneimittel und Parallelhandel, S.221.

dass in der Packungsbeilage die Angabe des pharmazeutischen Unternehmers bezogen auf das Inland vorhanden sei. Im Falle des Parallelvertriebs sei aber der Parallelgroßhändler das für den Inlandsvertrieb verantwortliche Unternehmen.[510] Zwar könnten Zulassungsinhaber und der pharmazeutische Unternehmer im Sinne des § 4 Abs.18 AMG a.F. identisch sein, sie müssten es aber nicht. Mit der Zulassung habe das nichts zu tun, denn auch wer – den Fall unterstellt – ein nicht zugelassenes Arzneimittel in den Verkehr bringe, sei selbstverständlich pharmazeutischer Unternehmer.[511] Der Umstand, dass der Parallelgroßhändler im Falle des Parallelvertriebs keine spezielle arzneimittelrechtliche Zulassung für den Inlandsvertrieb benötige, ändere nichts an der Tatsache, dass der Parallelgroßhändler und nicht der betreffende Zulassungsinhaber nach dem Umpacken des Arzneimittels dieses verantwortlich im Inland in den Verkehr bringe und demgemäß allein wegen des faktischen Tuns nach den zwingenden Gesetzesbestimmungen pharmazeutischer Unternehmer im Sinne der § 4 Abs.18, 11 Abs.1 Nr.6 lit.f) AMG sei.[512] Diese Ansicht teilt im Ergebnis auch *Rehmann*. Nehme der Parallelgroßhändler eine Umkennzeichnung vor, so sei dies nicht nur eine Herstellungshandlung, sondern er greife im Regelfall auch in die Markenrechte des Unternehmens ein, mit dessen Zustimmung die Arzneimittel erstmals in Verkehr gebracht wurden. In diesem Fall werde der Parallelgroßhändler durch die markenrechtlichen Kennzeichnungserfordernisse zum pharmazeutischen Unternehmer. [513]

Für die Annahme *Wagners* spricht zunächst der Wortlaut der anstelle der VO 2309/093 nun geltenden VO 726/04. Art.2 S.3 der VO besagt, dass der Inhaber für das Inverkehrbringen des Arzneimittels verantwortlich ist, unabhängig davon, ob das Inverkehrbringen durch ihn selbst oder durch eine oder mehrere von ihm benannte Personen erfolgt. Im Ergebnis bedeutet dies, dass der in der Packungsbeilage zu nennende pharmazeutische Unternehmer bei zentral zugelassenen Arzneimitteln immer identisch mit dem Zulassungsinhaber wäre.

Allerdings regelt die VO 726/04, wie bereits dargestellt, mit Ausnahme von Art.57 Abs.1 lit.o) nicht ausdrücklich den Parallelvertrieb, sondern

---

510 OLG Hamburg, NJOZ 2002, S.1128 (1130) – 3 U 204/01.

511 OLG Hamburg, NJOZ 2002, S.1128 (1132) – 3 U 204/01., OLG Hamburg, OLGR Celle 2006, S.174 (176) – 3 U 153/03.

512 OLG Hamburg, NJOZ 2002, S.1128 (1132) – 3 U 204/01., OLG Hamburg, OLGR Celle 2006, S.174 (176) – 3 U 153/03.

513 *Rehmann*, AMG, § 4 AMG Rn.20.

nur die Voraussetzungen, unter denen das Arzneimittel in allen Mitgliedstaaten verkehrsfähig ist. Dass im Fall des Vertriebs durch den Zulassungsinhaber dieser auch pharmazeutischer Unternehmer ist und die alleinige Verantwortung trägt, ist unbestritten. Davon ist aber die Fallgestaltung einer nachträglich vom Parallelgroßhändler veränderten Arzneimittelpackung zu unterscheiden.[514] In diesem Fall erscheint eine pauschale Gleichsetzung von pharmazeutischem Unternehmer und Zulassungsinhaber als nicht mit der Systematik des AMG vereinbar. Denn zur Gefährdungshaftung nach § 84 AMG kann auch eine fehlerhafte oder unvollständige Packungsbeilage führen.[515] Fertigt der Parallelgroßhändler nun eine fehlerhafte Packungsbeilage an und führt dies zu einem Schaden beim Patienten, dann soll auch er als derjenige, der das Arzneimittel in dieser Form in den Verkehr gebracht hat, nach dem Sinn und Zweck des § 84 AMG dafür dem Patienten haften. Damit sprechen die besseren Argumente dafür, den Parallelgroßhändler als denjenigen anzusehen, der das Arzneimittel unter seinem Namen in den Verkehr bringt.

Da der Zulassungsinhaber gemäß der gesetzlichen Neufassung des § 4 Abs.18 AMG auch weiterhin pharmazeutischer Unternehmer ist, besteht somit eine dem Mitvertrieb vergleichbare Konstellation. Der Parallelgroßhändler tritt in diesem Fall gleich dem Mitvertreiber als pharmazeutischer Unternehmer neben den Zulassungsinhaber.[516] Beide haften also im Außenverhältnis als Gesamtschuldner. Im Innenverhältnis richtet sich dann die Haftungsverteilung gemäß § 93 AMG nach dem Schadensbeitrag des einzelnen Ersatzpflichtigen.

III. Zusammenfassung

Vertreibt der Parallelhändler ein Arzneimittel im Einfuhrstaat, stellt sich die Frage, ob er damit pharmazeutischer Unternehmer gemäß § 4 Abs.18 AMG ist. Im Bereich des Parallelimports ist dies zu bejahen. Denn da der Parallelimporteur eine eigene Zulassung für das Arzneimittel besitzen muss, ist er nach der Legaldefinition des § 4 Abs.18 S.1 AMG auch der pharmazeutische Unternehmer. Der Parallelgroßhändler dagegen muss keine eigene Zulassung beantragen, so dass nach der Legaldefinition des § 4 Abs.18 S.1 AMG weiterhin als pharmazeutischer Unternehmer der Zulassungsinhaber gilt. Nach § 4 Abs.18 S.2 AMG ist jedoch auch derje-

---

514 Im Ergebnis so auch OLG Hamburg, NJOZ 2002, S.1128 (1132) – 3 U 204/01.

515 *Koyuncu*, Haftung für Arzneimittelschäden, S.60.

516 *Fleischfresser*, in: Fuhrmann/Klein/Fleischfresser, Arzneimittelrecht, § 5 Rn.14.

nige pharmazeutischer Unternehmer, der das Arzneimittel unter seinem Namen in der Verkehr bringt. Im Ergebnis ist dies beim Parallelgroßhändler zu bejahen. Denn verändert er – wie es regelmäßig der Fall ist – die Arzneimittelpackung, würde es der Systematik des AMG zuwiderlaufen, wenn er nicht nach § 84 AMG für daraus entstehende Schäden einstehen müsste. Er tritt somit gleich einem Mitvertreiber als pharmazeutischer Unternehmer neben den Zulassungsinhaber und haftet mit ihm nach §§ 84, 93 AMG im Außenverhältnis als Gesamtschuldner.

Kapitel 4 – Zusammenfassung der Ergebnisse

1. Der Parallelhandel ist eine erlaubte Form des Warenverkehrs zwischen den Mitgliedstaaten der Europäischen Union. Ein Schlüsselfaktor, der das Potential des Parallelhandels bedingt, ist der ausreichende Preisunterschied zwischen den Mitgliedstaaten. Man spricht daher beim Parallelhandel auch vom Arbitragegeschäft. Im Bereich des Arzneimittelhandels besteht die Besonderheit, dass an Stelle der Verbraucher die Träger der sozialen Sicherheit die Krankheitskosten tragen. Die Preisunterschiede beruhen daher größtenteils darauf, dass die meisten Mitgliedstaaten die Preise für Arzneimittel regulieren, um die Entwicklung der öffentlichen Arzneimittelkosten eindämmen zu können und so die finanzielle Stabilität ihrer Sozialversicherungsträger zu gewährleisten. Hier unterscheidet man grundsätzlich zwischen direkter und indirekter Preisregulierung, hinzu kommt eine Handelsspannenregulierung.

2. Beim Parallelhandel mit Arzneimitteln unterscheidet man seit Einführung der zentralen Zulassung für bestimmte Arzneimittel bei der Europäischen Arzneimittelagentur (EMA) zwischen dem Handel mit durch die Mitgliedstaaten zugelassenen Arzneimitteln und solchen, die zentral zugelassen wurden. Der Parallelhandel mit zentral zugelassenen Arzneimitteln wird Parallelvertrieb genannt, der schon länger bestehende Handel national zugelassener Präparate behält den Namen Parallelimport. Der Grund für die Unterscheidung liegt darin, dass beim Parallelimport der Parallelhändler im Einfuhrstaat eine eigene (vereinfachte) Zulassung für das Arzneimittel beantragen muss. Nach geltender Sprachregelung versteht man daher unter einem Parallelimport die Einfuhr solcher im Ausland hergestellter und dort zugelassener Arzneimittel, die auch im Inland hergestellt oder vom Hersteller selbst ins Inland eingeführt werden und dort aufgrund einer nationalen Zulassung verkehrsfähig sind. Da durch das zentrale Zulassungsverfahren das Arzneimittel bereits in allen Mitgliedstaaten zugelassen ist, verbietet sich eine solche Bezeichnung für den Handel dieser Präparate, denn der kann schon per definitionem kein Parallelimport sein.

3. Auf rechtlicher Ebene findet die Auseinandersetzung zwischen Hersteller und Parallelhändler vornehmlich im Markenrecht statt, da die Parallelhändler häufig die Arzneimittel nicht so in den

Verkehr bringen können, wie sie im Ausland erworben wurden und daher gezwungen sind, die Aufmachung der Ware zu verändern, um den arzneimittelrechtlichen Vorschriften des Einfuhrlandes zu genügen und sich an die dortigen Marktgegebenheiten anzupassen.

4. Da das Kennzeichnungsrecht vor Einführung der MRRL nicht vom Erschöpfungsgrundsatz erfasst wurde, beriefen sich die Hersteller bei jeder Veränderung auf ihr Markenrecht und versuchten so, den Parallelhandel zu verhindern. Zur Lösung dieses Spannungsverhältnisses entwickelte der EuGH bereits vor über 30 Jahren in der Hoffmann-La Roche–Entscheidung vier Kriterien, bei deren Einhaltung durch den Parallelhändler der Hersteller sein Markenrecht nicht ausüben dürfe, da dies eine verschleierte Beschränkung des Handels zwischen den Mitgliedstaaten im Sinne des Art.36 S.2 AEUV (Ex-Art.30 S.2 EG) darstellen würde. Dies ist dann der Fall:

   - wenn erwiesen ist, dass die Geltendmachung des Markenrechts durch den Inhaber unter Berücksichtigung des von ihm angewandten Vermarktungssystems zur künstlichen Abschottung der Märkte zwischen den Mitgliedstaaten beitragen würde,
   - wenn dargetan ist, dass das Umpacken den Originalzustand des Erzeugnisses nicht beeinträchtigen kann,
   - wenn der Inhaber des Markenrechts vorher von dem Feilhalten des umgepackten Erzeugnisses unterrichtet wird und
   - wenn auf den neuen Packungen angegeben ist, von wem das Erzeugnis umgepackt wurde.

5. Nach Einführung der MRRL stellte der EuGH in der Bristol-Myers Squibb-Entscheidung fest, dass fortan auch das Kennzeichnungsrecht vom Erschöpfungsgrundsatz umfasst sei. Nunmehr ist es dem Parallelhändler nicht mehr grundsätzlich verboten, Veränderungen an der Packung vorzunehmen; ihm wird die Neukennzeichnung prinzipiell erlaubt. Ausnahmsweise findet aber der Erschöpfungsgrundsatz keine Anwendung, wenn berechtigte Gründe es rechtfertigen, dass der Inhaber sich dem weiteren Vertrieb widersetzt. Dies muss weiterhin im Lichte der Vertragsbestimmungen über den freien Warenverkehr, insbesondere

des Art.36 AEUV (Ex-Art.30 EG) ausgelegt werden. Der Parallelhändler muss die vom EuGH vor Einführung der MRRL aufgestellten Kriterien, präzisiert und ergänzt, weiterhin erfüllen:

- Es ist erwiesen, dass die Geltendmachung der Marke zu einer künstlichen Marktabschottung beitragen würde, was insbesondere der Fall ist, wenn das Umpacken erforderlich ist, um die Ware im Einfuhrmitgliedsstaat vertreiben zu können.
- Der Originalzustand der in der Verpackung enthaltenen Ware wird durch das Umpacken nicht beeinträchtigt.
- Auf der neuen Verpackung ist klar angegeben, von wem die Ware umgepackt worden ist und wer der Hersteller ist.
- Die umgepackte Ware ist nicht so aufgemacht, dass dadurch der Ruf der Marke und ihres Inhabers geschädigt werden kann; die Verpackung darf folglich nicht schadhaft, von schlechter Qualität oder unordentlich sein.
- Der Importeur muss den Markeninhaber vorab vom Feilhalten unterrichten und ihm auf Verlangen ein Muster der umgepackten Ware liefern.

6. Da die Kriterien für den Parallelimport entwickelt wurden, stellt sich die Frage, ob sie grundsätzlich auch auf den Parallelvertrieb Anwendung finden können. Dies ist zu bejahen, denn auch beim Parallelvertrieb kann der *Händler* unter Umständen gezwungen sein, z.B. Etikettierung, Packungsbeilage oder die Packungsgröße zu modifizieren. Allerdings führt die Harmonisierung der zentralen Zulassung dazu, dass einige Kriterien des EuGH nicht ohne weiteres auf den Parallelvertrieb übertragbar sind. Denn sie wurden für einen weniger harmonisierten Binnenmarkt geschaffen, so dass sie in bestimmten Bereichen als nicht passend erscheinen.

Durch die geforderte Vereinheitlichung der Verpackungsgestaltung und der Bezeichnung hat der Hersteller eines zentral zugelassenen Arzneimittels – bis auf Ausnahmefälle – aber viel weniger Spielraum als der Hersteller eines national zugelassenen Präparates, der sein Arzneimittel rein theoretisch in jedem Mitgliedstaat unter einem anderen Namen und mit einem anderen Design in den Verkehr bringen könnte. Diese unterschiedlichen Spielräume der Hersteller führen zwangsläufig dazu, dass sich auch der Spielraum der Händler im Parallelvertrieb von dem des

Parallelimports unterscheidet. Denn beide sind nur Spiegelbilder dessen, was dem jeweiligen Hersteller erlaubt ist.

7. Unterschiede ergeben sich daher im Bereich der künstlichen Marktabschottung und der Frage der Erforderlichkeit des Umverpackens. Durch die Boehringer/Swingward II-Entscheidung kommt es im Bereich des *Parallelimports* nur darauf an, ob das Umpacken als solches erforderlich ist. Die Art und Weise des Umpackens dagegen unterfällt nicht mehr der Erforderlichkeitsprüfung, sondern allein der möglichen Rufschädigung. Der Parallelimporteur kann nicht mehr auf das Auf- oder Abstocken des Packungsinhalts verwiesen werden, da dies nicht das Umpacken als solches, sondern die Art und Weise betrifft. Gleiches gilt für die Kombination von Bündelungen mit gleichzeitiger Auf- oder Abstockung. Als milderes Mittel gilt nur noch das Neuetikettieren. Dieser Begriff erfasst allerdings auch solche Fälle, in denen Originalpackungen gebündelt und mit neuen Aufklebern versehen werden können, ohne dass der Inhalt der Packung verändert werden muss.

Nach der Aventis-Entscheidung des EuGH darf ein zentral zugelassenes Arzneimittel aber nur in der Packungsform auf den Markt gebracht werden, für die der Zulassungsinhaber auch eine eigene Zulassung besitzt. Besteht eine solche nicht für die Form einer Bündelpackung, so kann im Parallelvertrieb entgegen dem Grundsatz des Parallelimports auch in diesem Fall eine eigene Verpackung hergestellt werden.

8. Ebenfalls unterschiedlich zu behandeln sind Parallelimport und Parallelvertrieb bei der Frage nach der Rufschädigung. Zwar ist beiden Formen gleich, dass der Ruf der Marke geschädigt wird, wenn die Verpackung schadhaft, von schlechter Qualität oder unordentlich ist, jedoch ergeben sich bei der Frage nach der Gestaltung der neuen, eigenen Verpackung Differenzen. Der Parallelimporteur darf die Verpackungsgestaltung des Originalherstellers sowohl identisch übernehmen als auch im Sinne des Co-Branding eigene Ausstattungsmerkmale anbringen. Ist das Originaldesign ungeschützt, besitzt er praktisch vollkommene Gestaltungsfreiheit. Ist das Design dagegen als Ausstattungsmarke geschützt, so kann er es ebenfalls identisch übernehmen, Veränderungen muss er jedoch dergestalt vornehmen, dass sie keine Verwechslungsgefahr für die Ausstattungsmarke darstellen, sie sich mithin wesentlich vom Original unterscheiden.

Diese Gestaltungsfreiheit besitzt der Parallelgroßhändler nicht. Denn der Einheitscharakter der zentralen Zulassung sieht vor, dass ein Arzneimittel mit Gemeinschaftszulassung eine einheitliche Verpackungsaufmachung aufweisen muss. Dies muss sowohl für den Hersteller, als auch für den Parallelgroßhändler gelten, da eine Differenzierung dem Sinn und Zweck des Einheitscharakters der zentralen Zulassung zuwiderlaufen würde.

9. Keine Notwendigkeit zu Veränderungen bestehen hinsichtlich der Kriterien der Nichtbeeinträchtigung des Originalzustands der Ware, der Unterrichtung des Markeninhabers sowie der Angaben des umpackenden Unternehmens und des Herstellers der Ware. Hier ist der Spielraum des Parallelgroßhändlers ebenso groß wie der des Parallelimporteurs.

10. Auch im Bereich des Re-Branding besteht keine größere Freiheit des Parallelimporteurs im Vergleich zum Parallelgroßhändler. Für beide kommt es sowohl bei der Markenersetzung als auch beim De-Branding darauf an, ob eine objektive Zwangslage sie dazu zwingt, das Arzneimittel umzubenennen, da ansonsten eine künstliche Marktabschottung gegeben wäre, der einen Parallelhandel unmöglich machen würde. Anders als von Teilen der Literatur angenommen, unterfällt dabei auch das De-Branding einer markenrechtlichen Prüfung und setzt keine vollständige Markenbeseitigung voraus. Denn die Originalmarke verbleibt regelmäßig auf den Tabletten und Aerosolen selbst sowie auf etwaigen Blisterpackungen, so dass der EuGH das De-Branding als bloßes Entfernen der Bezeichnung auf der äußeren Umhüllung und nicht als Markenbeseitigung definiert.

Dennoch ist das Problem des Re-Branding im Bereich des Parallelvertriebs eher unbeachtlich. Nach Ansicht des EuG in der Dr.Thomae-Entscheidung besteht aufgrund des Einheitscharakters der zentralen Zulassung, abgesehen von Ausnahmefällen, die Pflicht zur Verwendung eines einheitlichen Namens in allen Mitgliedstaaten für das Arzneimittel. Somit müsste schon der Hersteller eine objektive Zwangslage nachweisen, um das Arzneimittel überhaupt unter verschiedenen Bezeichnungen auf den Markt zu bringen, so dass diese Fälle im Parallelvertrieb kaum eine Rolle spielen.

11. Im Ergebnis lässt sich damit festhalten, dass die Notwendigkeit zur Unterscheidung zwischen Parallelvertrieb und Parallelimport unter markenrechtlichen Gesichtspunkten nur solange Bestand hat, bis die verschiedenen Zulassungsverfahren den gleichen

Harmonisierungsgrad erreicht haben. Da dies jedoch wie aufgezeigt noch nicht der Fall ist, muss im Bereich des Markenrechts vorläufig zwingend zwischen beiden Parallelhandelsformen unterschieden werden.

12. Obwohl der Parallelgroßhändler keine eigene Zulassung benötigt, um das Arzneimittel im Einfuhrland zu vertreiben, verlangt die EMA dennoch, dass er sich einem Notifizierungsverfahren unterzieht. Dies lässt sich in zwei Schritte unterteilen, nämlich die bloße Anzeige des Parallelvertriebs sowie das Durchlaufen eines gebührenpflichtigen Genehmigungsverfahrens. Zwar ergibt sich in analoger Anwendung des Art.16 Abs.2 der VO 726/04 im Sinne einer effektiven Arzneimittelüberwachung die Pflicht zur Anzeige des Parallelvertriebs, für das weiterhin geforderte gebührenpflichtige Genehmigungsverfahren besteht jedoch keine Rechtsgrundlage. Weder aus den Leitlinien der EMA selbst, noch aus Art.57 Abs.1 lit.o) der VO 726/04 ergibt sich, dass der EMA das Recht zur Durchführung eines solchen Verfahrens eingeräumt worden ist.

13. Umstritten ist zudem der Status des Parallelgroßhändlers als pharmazeutischer Unternehmer im Sinne des § 4 Abs.18 AMG. Während der Parallelimporteur aufgrund seiner eigenen (vereinfachten) Zulassung gemäß § 4 Abs.18 S.1 AMG immer pharmazeutischer Unternehmer ist, kommt es beim Parallelgroßhändler darauf an, ob er gemäß § 4 Abs.18 S.2 AMG das Arzneimittel unter seinem Namen in den Verkehr bringt. Denn da er keine eigene Zulassung benötigt, ist nach § 4 Abs.18 S.1 AMG gilt auch weiterhin der Zulassungsinhaber pharmazeutischer Unternehmer. Im Ergebnis wäre es jedoch nicht mit der Systematik des AMG vereinbar, wenn der Parallelgroßhändler trotz der regemäßigen Veränderung an der Arzneimittelpackung nicht gemäß § 84 AMG für daraus entstehende Schäden haften müsste. Er tritt somit gleich einem Mitvertreiber als pharmazeutischer Unternehmer neben den Zulassungsinhaber und haftet mit ihm nach §§ 84, 93 AMG im Außenverhältnis als Gesamtschuldner.

FSC
www.fsc.org
MIX
Papier | Fördert
gute Waldnutzung
FSC® C083411

Kolibri 360 GmbH
Ferdinand-Jühlke-Straße 7
99095 Erfurt, Deutschland
produktsicherheit@kolibri360.de